国学诵读

精华读本

王淑丽　杜春燕　主编

暨南大學出版社
JINAN UNIVERSITY PRESS
中国·广州

图书在版编目（CIP）数据

国学诵读精华读本／王淑丽，杜春燕主编．—广州：暨南大学出版社，2013.12
ISBN 978－7－5668－0816－5

Ⅰ.①国…　Ⅱ.①王…　②杜…　Ⅲ.①国学—青年读物　②国学—少年读物
Ⅳ.①Z126－49

中国版本图书馆CIP数据核字（2013）第247872号

出版发行：暨南大学出版社

地　址：中国广州暨南大学
电　话：总编室（8620）85221601
营销部（8620）85225284　85228291　85228292（邮购）
传　真：（8620）85221583（办公室）　85223774（营销部）
邮　编：510630
网　址：http://www.jnupress.com　http://press.jnu.edu.cn

排　版：广州市铧建商务服务有限公司
印　刷：虎彩印艺股份有限公司

开　本：787mm×1192mm　1/16
印　张：11.25
字　数：281千
版　次：2013年12月第1版
印　次：2013年12月第1次

定　价：26.00元

序

经典是中华民族的优秀传统文化，我们应该学习和吸收。

民国以降，从上至下，有识之士不断振臂高呼，重续民族的血脉刻不容缓。朱自清先生在他的《经典常谈》一书序言中说：“在中等以上的教育里，经典的训练应该是一个必要的篇目。经典训练的价值不在实用，而在文化。”从2010年起，教育部、国家语委及中央文明办决定共同开展“中华诵·经典诵读行动”。2010年6月21日，教育部、国家语委发布《关于在学校开展“中华诵·经典诵读行动”试点工作的通知》，要求将“加强中华民族优秀文化传统教育”的战略主题贯彻到学校教育教学的各个方面，将诵读活动打造成加强青少年爱国主义教育、增强民族历史文化传承及构建共有精神家园的重要载体和平台。

本教材由是应运而生。

此书的编纂出版，得益于广东省十二五规划课题“经典诵读提升人文素养之实效性研究”的开展。此书数编数审，几易其稿，终能面世。虽日日往复，积月跋涉于单调的先秦文字中，然编者并不觉枯苦，反倒真切地感觉到这些两千多年前的蔼然长者仿佛就在身旁，亲切幽默、平易宽和地用自己的人生经验和智慧给小辈以规劝、启迪，编学互长，受益良多。

孔子及其代表的儒家思想是中华文化的核心。儒家文化是整个中华民族的精神财富，是中华民族之所以历数千年而生生不息的根源所在。它所倡导的推己及人、反求诸己、诚信仁爱、躬行实践、重义轻利、自强不息、矢志不渝等精神，与人类普世价值相通，是人类共同的精神文化遗产。今天，孔子的道德思想、个人修养、处世方法、教育主张和政治理想等，对现代人处理人与人、人与社会以及人与自然的关系，仍具有深刻的现实意义，在重塑社会道德观、伦理观、家庭观和自然观等方面亦大有可为。

本书以孔门四科发端，沿用千年体例，以德行、言语、政事、文学、善行、行为、教育、政治为纲，列义理相近之章句编为目，结合时代精神，突出强调诵读方法的指导，注重研究性、专题性和活动性学习。

站在当代，高中生们对此书恬吟密咏、口诵心惟，用自己的声音唤醒两千多年前的文字，与先贤先哲们进行穿越生命的交流。有计划、有反馈地诵读此书，会让他们变得更坦荡、更奋发、更仁爱、更勇毅、更有智慧，从而成为既有现代人格，又有中国心灵的名副其实的“君子”。

且读、且思、且悟，我们渴望经过重新选辑注释的此书，在年青一代的心中种下精神与文化的根，为下一代的文化素养和道德伦理价值观的正确培养提供更多的正能量。

王淑丽

2013年5月

目 录

德　行

孔子教导学生，最重德行修养。

在“德行”中，又分为“道德”、“仁爱”、“孝友”和“修养”四大子目。首列“道德”，意在阐明德行修为的重要性。而“仁”是孔子学说之中心，亦是道德修养最重要的一环，故次列仁爱。《学而》篇有子曰：“君子务本，本立而道生。孝弟也者，其为仁之本与!”孝弟为仁之本，故以“孝友”列“仁爱”之后。德行修为之工夫，实在于“修养”。

道　德

一、论忠恕

子曰：“参①乎！吾道一以贯之②。”曾子曰：“唯③。”子出，门人问曰：“何谓也?”曾子曰：“夫子之道，忠恕④而已矣!”

——《里仁》第四·一五

章旨

曾子以“忠恕”来解释孔子“一以贯之”之道。

注释

①**参**：姓曾，名参，字子舆，鲁国南武城（今山东费县西南九里）人，小孔子四十六岁，与父亲曾皙都是孔子的学生。参，音 shēn。

②**一以贯之**：以“一”来贯通我所有的道。

③**唯**：对长上恭敬的应答之词。《礼记·玉藻》：“父命呼，唯而不诺。”

④**忠恕**：朱熹《论语集注》：“尽己之谓忠，推己之谓恕。”推己，谓推己及人。

析论

“道”是最高的理想或方法，因此它的内涵比较复杂。孔子心中最高的道是“仁”，而“忠恕”是通向仁道最基本的门径。“忠”是尽自己的全部能力，“恕”是以推己之心来对人。“仁”是至高之德，不易晓解，而“忠恕”之道是学习者当下的功夫，人人可以尽力。因此，曾子以“忠恕”之道来解释孔子的“吾道一以贯之”，应该是很适切的。

二、道听途说

子曰："道听①而涂说②，德之弃也。"

——《阳货》第一七·一四

章旨

孔子认为随意听信或传播无根之言，是有道德者所不为的。

注释

①**道听**：在路边听到没有经过查证的话却信以为真。

②**涂说**：在马路上传播没有经过证实的话。涂，道路，通"途"。

析论

道听途说，未加求证，便跟着传播，往往会造成对他人的伤害，那是不道德的。孔子说："多闻阙疑，慎言其余，则寡尤。"（《论语·为政》第一八）多听消息，搁下不确定的，谨慎地说出确认的部分，过失便能减少。经过"阙疑"、"慎言"的筛汰之后，便不易在德行上造成遗憾了。《战国策》有"三人成虎"、"曾子杀人"的典故，都是有名的道听途说的例子。一个人如果轻易地就听信未经查证的流言，那距离"德"就太遥远了。

三、巧言乱德

子曰："巧言①乱德，小不忍则乱大谋。"

——《卫灵公》第一五·二六

章旨

孔子告诫人不要巧言，要小处能忍。

注释

①**巧言**：表面上看来聪明合理，但背后却是充满了权谋私利的话。

析论

"巧言"，不是指"聪明巧妙的话"，而是指表面上悦耳动听，背后却是充满了权谋私利的话，因为它表面上冠冕堂皇，和发乎道德良知的话无法区分，久而久之，它会一点一点地腐蚀人们的道德良知。巧言说多了，说的人也会养成一种取巧弥缝的习气，凡事不从正面去做，从而导致道德良知一天一天地败坏。

小不忍则乱大谋，历史上有太多的例子了。《史记·项羽本纪》记载：项羽要去攻打彭越时，告诉部下大司马曹咎："谨守成皋，汉军怎么挑战，都不要理他。我在十五天内一定杀了彭越赶回来。"项羽出去几天后，汉军天天派人挑战，辱骂曹咎，曹咎最终忍受不了小辱，于是出兵和汉军大战，结果大败。等项羽十五天后回来时，大司马曹咎已经兵败身亡，项羽也如鸟折翼，实力大损。相反，三国时，诸葛亮六出祁山，对司马懿百般羞辱，但因司马懿能忍，诸葛亮终是粮尽兵疲，无功而返。这可以看出"忍"对成就大事的重要性。

四、乡原

子曰："乡原①，德之贼②也。"

——《阳货》第一七·一三

章旨

孔子对是非不分之徒的批判。

注释

①**乡原**：乡里看起来谨厚的人。原，通"愿"，谨厚的样子。

②**贼**：伤害。

析论

乡愿，是一种看起来很忠信，做事好像很廉洁，似乎没有什么缺失的人。他对任何人都不肯批评，对任何事都没意见。他做人做事非常圆熟，不得罪任何人；反过来说，一乡的人对他也没有批评，好人说他好，恶人也说他好。这种人会把人类社会弄得是非善恶不分，因此孔子很憎恶这种人。

乡愿这种人完全和流俗同化，迎合污浊的社会。古今中外，乡愿到处都有。但是，如果人人都当乡愿，都不愿得罪他人，那么最后会变成恶人出头，社会的公理正义就无法维持了，这也正是孔子特别憎恶乡愿的原因吧。因此，孔子并不欣赏"乡人皆好之"的乡愿，而欣赏"乡人之善者好之，其不善者恶之"的正直之士。

专题活动一

探究园地

1. 乡愿是什么样的人？

2. 既然孔子早就指出乡愿的不是，我们自己是否做过乡愿？为何我们还要做乡愿？

学习成果展示

1. 全班同学围成一个圆圈，击鼓传花，接花之人，可以朗诵一则关于"德行"的名人名言，可以讲一个古今中外能体现品德高尚的人的事迹，可以说体现高尚品德的成语，可以唱一句体现高尚情操道德的典型人物的京剧（粤剧、越剧、川剧等）唱腔。

2. 模仿中央电视台《百家讲坛》栏目，在班上开设一个《道德大讲堂》，请同学们事先准备相关资料，就"德行"这一主题开展活动。

仁爱

仁，是孔门哲学中最高的德行，整部《论语》共有五十九章提到“仁”字，共用了一百零九个“仁”字，但是并没有一章很明确地为“仁”下定义。因为仁是诸德圆融的最高境界，而每一个人的才性气质都不同，修德的方向也不一样，所以孔子只是具体地从各种角度来启示人应如何行仁。

一、颜渊问仁

颜渊[1]问仁。子曰：“克己复礼[2]为仁。一日克己复礼，天下归[3]仁焉。为仁由己，而由人乎哉？”颜渊曰：“请问其目。”子曰：“非礼勿视，非礼勿听，非礼勿言，非礼勿动。”颜渊曰：“回虽不敏，请事[4]斯语矣。”

——《颜渊》第一二·一

章旨

孔子回答颜渊，以克己复礼为仁及其实行的方法。

注释

①**颜渊**：姓颜，名回，字子渊，鲁国人，为孔子弟子，小孔子三十岁。天资聪颖，贫而好学，于孔子弟子中为最贤。年四十岁卒，后世称为复圣。

②**克己复礼**：朱熹《论语集注》：“克，胜也。己，谓身之私欲也。复，反也。礼者，天理之节文也。”

③**归**：归与，犹赞许。

④**事**：从事，奉行。

析论

克己，是克服自身的私欲；复礼，是回复到合乎天理的行为。一个人一旦能克己复礼，天下人就都会赞许他是个仁人了。这并不是非常困难的事，只要不看、不听、不说、不做不合礼的事便是了。

仁的本质是合乎理，表现在外则是合乎礼，因此礼是合乎天理的节文，所以人只要守礼，便可合天理，从而达到仁的境界。当今社会鼓励多元发展，但是不能忽略对别人的尊重，否则人人以自我为中心，无视他人，上下逐利，社会就会动乱不安。

二、仲弓问仁

仲弓[1]问仁，子曰：“出门如见大宾[2]，使民如承大祭[3]。己所不欲，勿施于人。在邦无怨，在家无怨[4]。”仲弓曰：“雍虽不敏，请事斯语矣。”

——《颜渊》第一二·二

章旨

孔子以敬、恕来回答仲弓所问的行仁之道。

注释

①**仲弓**：姓冉，名雍，字仲弓。为孔子弟子，小孔子二十九岁。

②**大宾**：指诸侯。

③**大祭**：指禘（音 dì，帝王夏天的宗庙祭典）、祫（音 xiá，祭远近的祖先）等宗庙祭典。

④**在邦无怨，在家无怨**：在诸侯之邦任职没有人怨他，在大夫之家任职也没有人怨他。古代天子的领属叫天下，诸侯的领属叫邦（汉初避汉高祖刘邦的名讳，改邦为国），大夫的领属叫家。

析论

行仁之道很多，"出门如见大宾，使民如承大祭"是敬，对人敬、对事敬，凡事存着敬，便会战战兢兢，行不违仁。"己所不欲，勿施于人"是恕，能处处设身处地为人着想，便会心存忠厚，日近于仁。一个人能做到以上两点，那么当然能"在邦无怨，在家无怨"，无入而不自得了。

三、子张问仁于孔子

子张①问仁于孔子。孔子曰："能行五者于天下，为仁矣。""请问之。"曰："恭、宽、信、敏、惠。恭则不侮，宽则得众，信则人任②焉，敏则有功③，惠则足以使人。"

——《阳货》第一七·六

章旨

孔子教子张涵养仁心的功夫。

注释

①**子张**：姓颛孙，名师，字子张。为孔子弟子，小孔子四十八岁。

②**任**：倚仗。

③**敏则有功**：做事勤快就会有效率。

析论

一个人若能以恭敬之心修己待人，自然谨慎有礼，言行有度，不会招致侮谩，这是敬慎的美德。待人之际，要能宽厚而包容，凡事设身处地为别人着想，多留余地，自能获得众人的爱戴和拥护，这是宽容的气象。接物处事时，诚恳信实，无所欺瞒，自能得到长官、朋友及部属的信赖，这是真诚的品格。做事勤快敏捷，有效率，不拖延，自然有显著的工作绩效，以服务社会，这是勤敏力行之德。而"力行"则"近乎仁"。（《中庸》）如果有了利益，一定要分给大家，而不自私独享，如此，自能让人感恩怀德，图谋报答；在做事时，大家都愿意接受任使，出力相助，这是广施泽惠的道理。

总之，恭、宽、信、敏、惠都是仁心仁德的表现，而此五德必须在与人相处、与事相接之际，随时随地，力行实践，久之，自能日臻仁境了。

四、刚毅木讷

子曰："刚[①]、毅[②]、木[③]、讷[④]，近仁。"

——《子路》第一三·二七

章旨

孔子以刚、毅、木、讷近仁之质，告诫人应更加努力修身养性，以成其全功。

注释

①**刚**：公正无欲。秉性硬直，就不会见利背义。

②**毅**：果敢坚忍。立志坚定，就不会畏难苟安。

③**木**：性情质朴。宅心笃实，就不会沽名钓誉。

④**讷**：音 nè，说话迟钝，就不会巧言令色。

析论

"仁"是人与人之间相处的道理，孔子认为"仁"是一切道德的最高标准。对于其弟子，无一轻许其为"仁"，对于颜回亦只是说："其心三月不违仁。"本章是孔子指示一条到达"仁"的大道。

"刚、毅、木、讷"四者与"仁"之关系如何？何以孔子说"近仁"？《公冶长》篇记载孔子批评弟子申枨说："枨也欲，焉得刚？"欲念多的人无法刚正，反之，"刚"者无欲，所以不自私，近乎"仁"。《泰伯》篇载曾子之言："士不可不弘毅，任重而道远。仁以为己任，不亦重乎？死而后已，不亦远乎？"（士人的志向不可不宏大刚毅，因为他的责任重大，行程遥远。以弘扬仁道为责任，这责任不重大吗？到死后才算完成责任，这行程不是很远吗？）所以"毅"者，果断坚定，能不屈不挠勇往直前，为人谋福利，能近乎"仁"。《学而》篇载孔子之语："巧言、令色，鲜矣仁。"正与"刚、毅、木、讷"形成强烈对照。刚毅者绝无"令色"，木讷者绝不"巧言"，所以说讨人喜欢的话来谄媚人，装出讨人喜欢的脸色来奉承人的，这种人是很少具有仁心的。反之，质朴敦厚、不巧言令色的人，就不会弄虚作假而与本心大相违背，所以是近乎"仁"的。

刚则无欲，毅则能果敢坚忍，木则率真笃实，讷则真诚力行，具有这四种气质的人，能渐自修成最高的人格。

五、己欲立而立人，己欲达而达人

子贡[①]曰："如有博施[②]于民，而能济众[③]，何如？可谓仁乎？"子曰："何事于仁[④]，必也圣乎！尧舜其犹病诸[⑤]！夫[⑥]仁者，己欲立而立人，己欲达而达人[⑦]。能近取譬，可谓仁之方也已[⑧]。"

——《雍也》第六·二八

章旨

孔子明示子贡行仁之方，在于推己及人，不必好高骛远。

注释

①**子贡**：姓端木，名赐，字子贡。卫人。为孔子弟子，小孔子三十一岁。

②**博施**：广施恩德。

③**济众**：济助众人。

④**何事于仁**：何止于仁呢？言能如此，则不止于仁也。

⑤**尧舜其犹病诸**：尧舜恐怕都还要为此感到遗憾。其，恐怕、或许。病，憾也，心有所不足。诸，之乎的合音。

⑥**夫**：文言文中的提挈词。

⑦**己欲立而立人，己欲达而达人**：自己想立道，先使别人能够立道；自己想行道于世，先使别人行道于世。达，通达、顺利、显达。

⑧**能近取譬，可谓仁之方也已**：能够就近拿自身之所欲，譬之他人，可以说是为仁的方法了。近，指“自身”。譬，比喻。方，途径、方法。

析论

子贡想从博施于民、济助众人等事功去行仁道，孔子认为那是圣人的事功，恐怕圣王如尧舜，都不一定做得到。其实求仁之道不必舍近求远，所以孔子劝勉子贡从浅近易行的恕道做起。己立立人，己达达人，就是推己及人的恕道。“仁”是爱的扩充，所以由爱自己而扩充到爱父母、爱儿女，推而爱所有的老人及孩子。人我一体，以自身为喻，推及他人，即是行仁之道。

孔子所施的教育，总是从平易、寻常的地方入手，而不求好高骛远，这是孔子思想最可贵的特色，从本章可以得到印证。

六、子贡问为仁

子贡问为仁①。子曰：“工欲善其事，必先利②其器。居是邦也，事其大夫之贤者，友其士之仁者。”

——《卫灵公》第一五·九

章旨

孔子教子贡为仁在于事贤友仁，以成其德。

注释

①**为仁**：行仁。

②**利**：动词，使其精良。

析论

工匠希望把事情做好，就必须使用精良的工具；君子若要为仁，必须结交仁士与贤大夫。

君子居处在一个邦国，要事奉贤能的大夫，以观摩其临民接物之方与从政治事之学，以为服务社会之资。君子择友，必属有仁德之士，其用意在于以文会友，修道辅仁。晏子曾说：“吾闻君子居必择处，游必择士。居必择处，所以求士也；游必择士，所以修道也。”（我听说君子居家一定会挑处所居住，出游也会选择有修养的士人为友。居家挑处所，目的在找到好士人；出游选择有修养的士人，目的在修成道德。）（刘向《说苑·杂言》）“择士以修道，交友以辅仁”，就是“友其士之仁者”的注脚。

综上所述，可知孔子指点子贡为仁当亲近贤能仁厚的师友，相观而善，熏习日久，自能涵养仁心，日益高明。

七、当仁不让于师

子曰：“当仁[1]，不让于师[2]。”

——《卫灵公》第一五·三六

章旨

孔子鼓励门人要努力行仁。

注释

①**当仁**：遇到行仁之事。

②**不让于师**：不必对师长谦让。

析论

弟子对师长凡事都必须尊敬，都必须谦让，所以有师长在时，要处处注意礼貌，处处以师长为先。但是唯独行仁之事，孔子却告诉我们“不让于师”。孔子的意思不是让我们不尊师，而是认为行仁之事是出于本心的，比尊师更具急迫性，就好比我们看到一个人要掉到水里去，我们不能因为有老师在而不急于去拯救他，要知道救命是不能谦让的。所以行仁宜勇，无须谦让，况且老师也会乐于见到学生勇于行仁，因为这也是一种“尽己之心”的表现。从这一章里，我们可以看出孔子思想所注重的实质。

八、杀身以成仁

子曰：“志士仁人[1]，无求生以害仁[2]，有杀身以成仁[3]。”

——《卫灵公》第一五·八

章旨

孔子言志士仁人视仁德重于生命。

注释

①**志士仁人**：有高尚志向节操与道德的人。

②**求生以害仁**：为苟且求活命，而抛弃操守，损害仁德。

③**杀身以成仁**：牺牲生命，而成全正义、仁德。

析论

人的一生，多处于正常的情境，但有时也会遇到非常的情境。在非常的情境下，对生命的诠释就和正常情境不同，这时精神意义往往会高过实质生命，轰轰烈烈地牺牲，就毫不勉强，所以古来忠烈之士能为国殉难，保卫家园。若在危急存亡之关头，只求赧颜苟活，则活着亦会为人所唾弃，生不如死，遗臭万年。故有志之士不屑为，仁德之人不忍为也。

宋代文天祥战败，为元军所俘虏，拘燕京三年，终不被利诱，不为威屈，作《正气歌》以表心志，从容就义，这正是“无求生以害仁，有杀身以成仁”的表现。

专题活动二

探究园地

1. “仁”到底是什么？

2. 孔门弟子问仁，孔子为何没有固定的答案？这会让人感到迷惘吗？

3. 试举史实，分别列出“杀身成仁”和“求生害仁”的事例，分享你的感受。

拓展空间

1. 举办一场以“仁爱”为内容的朗诵比赛，可以独诵、对诵、男女分诵等，根据内容和朗诵的艺术表达效果评出一、二、三等奖。

2. 中央电视台每年都会轰轰烈烈地开展“十大道德楷模”和“感动中国十大人物”评选活动，评选出“怒放高原的并蒂雪莲：胡忠与谢晓君”、“坚守肝胆事业的医者：吴孟超”、“烤羊肉串的爱心巴郎：阿里木”、“不负群众的草鞋书记：杨善洲”等一系列家喻户晓的人物，在社会上形成一股强大的正能量。模仿此节目，评出本年度本班“感动我班十位同学”，并举行颁奖晚会，颁奖词的撰写要体现出这些获奖人物身上的“仁爱”精神。

孝 友

一、论孝

百善孝为先，孝是行仁的根本之道。

我国现存最早的汉字文献资料——殷商甲骨卜辞之中就有了“孝”字。《说文解字》解释篆体“孝”字云：“善事父母者。从老省，从子，子承老也。”“孝”字写的就是老人与子女的关系。

（一）孝弟也者，其为仁之本

有子①曰：“其为人也孝弟②，而好犯上者，鲜③矣。不好犯上，而好作乱者，未之有也④。君子务本⑤，本立而道生⑥。孝弟也者⑦，其⑧为仁⑨之本与⑩！”

——《学而》第一·二

章旨

有子勉人力行孝悌之德。孝悌是为仁的根本。

注释

①**有子**：姓有，名若，鲁人，为孔子弟子，小孔子三十三岁。

②**孝弟**：善事父母兄长。弟，音 tì，通“悌”。

③**鲜**：音 xiǎn，少。

④**未之有也**：没有这样的事。

⑤**务本**：专心致力于基本工作。务，专力。本，指孝悌。

⑥**本立而道生**：根本树立了，实践仁的途径就由此而生。

⑦**也者**：也，助词。者，语气词，表示提顿语气。

⑧**其**：应该是。表示推断语气的助词。

⑨**为仁**：实践仁德。

⑩**与**：音 yú，通“欤”，相当于白话文的“吧”。

析论

实践孝悌之德，心性必然纯和温厚。日常生活中，侍奉父母，或与兄长相处，言行举止也自然循规蹈矩，合情合理，不致有冒犯的举动和暴戾的倾向；当然，也不会违法犯纪，从事非理性的活动。

无论君子涵养德性，或是官员施政临民，都应重视孝悌之德。孟子说：“人人亲其亲，长其长，而天下平。”（人人亲爱他们的亲友，尊敬他们的长辈，而后天下太平。）又说：“尧舜之道，孝弟而已矣。”（尧和舜的治国之道，最根本的是推行孝道和悌道罢了。）古圣先贤更是强调“以孝治天下”的治国理念，这些见解都说明了“孝悌是为仁的根本”的道理。

有人动辄因为细故，冒犯长上，或斗殴、犯法，造成严重的社会问题。世人不能体认、实践孝悌之德，不能涵养仁心天理，或许就是造成这些乱象的根本原因吧！

（二）战战兢兢，如临深渊，如履薄冰

曾子有疾，召门弟子曰：“启[①]予足！启予手！《诗》云：‘战战兢兢，如临深渊，如履薄冰。’[②]而今而后[③]，吾知免夫[④]！小子[⑤]！”

——《泰伯》第八·三

章旨

曾子训勉门下弟子爱护身体发肤，以恪尽孝道。

注释

①**启**：开，此处指揭开被子。

②**战战兢兢，如临深渊，如履薄冰**：怀着恐惧戒慎的心情，就像在深渊的旁边，生怕坠落；又像走在薄冰上，唯恐陷溺。战战，恐惧。兢兢，戒谨。

③**而今而后**：如今以后。前“而”字，是“如”的意思。

④**免夫**：免于毁伤。夫，语气词。

⑤**小子**：指门下弟子。

析论

曾子一向主张“身体发肤，受诸父母，不敢毁伤”为基本孝道，因此在年老病重、临终之际，让随侍在侧的弟子掀开衾被，检视手足四肢；并且反复叮咛警醒，示以“身体发肤，受诸父母，不敢毁伤”的善事父母之道，言教与身教同时展现，可谓极高明的教孝之方。

子女的形体、生命，莫不来自于父母，可以说是父母生命的延续，因此做子女的，要珍惜五官、四肢，涵养生命、精神，千万别做无意义的残毁和无价值的牺牲。这就是“不敢毁伤”的道理。有些血气方刚的人，为了逞一时之意气，或与人斗狠，或伤人性命，或自杀，不但伤身，而且丧德，严重违反了“战兢自惕，临深履薄”以恪尽孝亲之道的真义。

至于牺牲小我，成全大我，忠孝双全，舍生取义，像文天祥的正气长存、史可法的节烈风骨，皆能体现至仁至义，延续道德生命于无穷，实践了最高的孝道。《孝经》云：“立身行道，扬名于后世，以显父母，孝之终也。”（做人处世，有名声传遗后世，以显荣父母，这是孝道的终极表现。）可做如是观。

（三）孟武伯问孝

孟武伯①问孝。子曰：“父母唯其疾之忧②。”

——《为政》第二·六

章旨

孔子指点孟武伯，做子女的应该身心健康，不使父母担忧，才算尽孝。

注释

①**孟武伯**：姓仲孙，名彘，谥武，孟懿子之子。
②**父母唯其疾之忧**：父母最担忧的是子女的病痛。

析论

子女有了伤病，父母必然忧虑担心。孝顺父母之道，首先就是锻炼体魄使之强健，避免生病或受伤。而适当的运动、均衡的营养及杜绝不良的嗜欲，都是强健身体、远离疾病伤痛的好办法。有些人深夜不归，好勇斗狠，戕害身心，难免伤病，怎能不让父母担心？

有了强健的体魄，还要有健全的心灵。偏激的思维、暴戾的性情、不正常的心理，都会影响健全人格的发展，使得父母忧心不已。因此，做子女的，除了锻炼体魄、不违礼法之外，还必须涵养温厚恭俭的美德，求取知识学问的丰硕，把自己陶冶成身心健全、性情敦厚的成德之人。子女的身心全无疾病伤痛之灾，且有德智体群之美，父母还有什么可忧虑的呢？

孟武伯是个比较霸道无礼的人，孔子用语浅意深、委婉含蓄的言辞，指点他行孝之方，相当耐人寻味。

（四）子夏问孝

子夏①问孝。子曰：“色难②！有事弟子服其劳③；有酒食，先生馔④。曾是⑤以为孝乎?”

——《为政》第二·八

章旨

孔子教导子夏孝养双亲之际，必须和颜悦色。

注释

①**子夏**：姓卜，名商，字子夏，卫国温邑人。为孔子弟子，小孔子四十四岁。

②**色难**：和颜悦色是相当不容易的。

③**有事弟子服其劳**：若有劳役之事，后生晚辈为他们（长辈）效劳。弟子，晚辈。

④**有酒食，先生馔**：有酒食，让父母先享用。先生，父母兄长。馔，音 zhuàn，动词，饮食。

⑤**曾是**：乃是、就算是。曾，音 zēng，乃，则。

析论

子女对父母的爱慕、依恋和关怀，是发自内心、与生俱来的。因此，侍奉父母时，心中自有一种祥和之气，脸上自有一种愉悦之容。但是一般人或许未必能深刻地体会、表现这种亲子之情，于是在与父母相处、替父母效劳时，往往忽略了表露“诚于中，形于外”的愉悦之色、和婉之容。

子女孝敬父母时，不要只注重表面的、物质的供养，更重要的是，表现出内心的恭敬和顺之思。朱熹的《论语集注》认为子夏的个性比较直率，可能缺少温和的表情，因此孔子才针对子夏的个性与缺失，作了“色难”的提醒和叮咛。

（五）父母之年，不可不知

子曰：“父母之年，不可不知也。一则以喜，一则以惧[①]。”

——《里仁》第四·二一

章旨

孔子提示为人子女者，当时时记得父母的年岁，及时恪尽孝道。

注释

①**一则以喜，一则以惧**：一方面觉得年复一年，父母依然健康，心中非常喜悦；一方面想到父母逐渐衰老，自己侍奉父母的日子越来越少，心中十分惧怕。

析论

有人对自己的生日记得很清楚，每逢生日，往往举办庆生活动。可是询及他们父母的生日时，往往就瞠目羞赧，支吾以对了。其实，孝顺父母，就必须时时将双亲的年龄记存于心，看到父母的年龄与日俱增，身体依然相当硬朗，做子女的还能承欢膝下，内心的喜悦，可想而知。这是第一点。然而，记存父母之年，也令子女忧惧。眼看着双亲渐渐衰老，怎不教人忧虑惧怕呢？这是第二点。大体来说，子女牢记父母的年岁，恪尽孝道，时喜时惧的心情，有如上述。至于在自己庆生之际，应该还是要感谢父母的生养鞠育之恩吧！

二、论友

《说文解字》里说"同志为友"，即志同道合之人称为"友"。

（一）君子以文会友，以友辅仁

曾子曰："君子以文①会友，以友辅仁。"

——《颜渊》第一二·二四

章旨

曾子示人结交朋友，在于论学辅仁。

注释

①**文**：指文献典籍。

析论

儒家认为人生的终极目标在于仁德的完美实践，因此，结交朋友就是要互相规过劝善，砥砺切磋，以实践仁德。而朋友之间，日常相聚，不可言不及义，还必须研习讲论文献典籍之学，以期对仁德之境、为仁之方等课题作深入广泛的讨论，然后互勉互助，求仁行仁，实现完美的人生。

（二）益者三友，损者三友

孔子曰："益者三友，损者三友。友直①，友谅②，友多闻，益矣。友便辟③，友善柔④，友便佞⑤，损矣。"

——《季氏》第一六·四

章旨

孔子教人择友当谨慎，以免交到损友。

注释

①**友直**：结交正直的朋友。友，动词，结交。
②**谅**：诚信。
③**便辟**：习于逢迎周旋。
④**善柔**：工于媚悦而不诚实。
⑤**便佞**：音 pián nìng，习于口语而无见闻之实。

析论

结交正直的朋友，可相与忠告责善，笃守正道；结交诚信的朋友，则肝胆相照，可托重任；结交博学多闻的朋友，可以辅仁游艺，研习学问。和上述三种人交朋友，接受其熏习陶冶，如入芝兰之室，久之，不觉潜移默化，亦成为君子贤士。

使人受损的朋友也有三种。有些人善于与人逢迎周旋，无论走到哪里，都摆出一副足恭卑顺的姿态；另有些人，待人接物之际，总是表现出谄媚阿谀的脸色；至于伶牙俐齿、巧言浮辞、不学无术、言行不一的人，更是不少。假使和这些便辟（足恭、体柔）、善柔

（令色、面柔）、便佞（巧言、口柔）的人做朋友，时间久了，种种浮薄不实的习气也会濡染自己的身心，甚至积非成是，而有败德丧身之虞呢！

（三）四海之内，皆兄弟也

司马牛忧曰：“人皆有兄弟，我独亡[①]。”子夏曰：“商闻之矣：‘死生有命，富贵在天。君子敬而无失，与人恭而有礼，四海之内，皆兄弟也。’君子何患乎无兄弟也？”

——《颜渊》第一二·五

章旨

子夏开导司马牛顺任天命，修己恭敬，无须以失去兄弟为忧。

注释

①亡：音 wú，通“无”。

析论

司马牛的哥哥桓魋（音 tuí）是宋国的权臣，谋叛宋景公，失败出亡。几个兄弟也都因此流亡国外。司马牛辗转到了鲁国，他遭逢人伦变故，又失去了富贵，内心的抑郁，可想而知。

子夏首先针对司马牛的骤失富贵，加以安慰。他说：“死生有命，富贵在天。”人的死生、富贵，都是老天安排的，无法强求。昔日的富贵，就如过眼云烟，不足萦怀。得失既已忘怀，忧愁自然就会消失了。

其次，子夏阐述广义的兄弟之谊，以宽慰好友。君子除了顺受天命之外，若能积极地以敬持身，不犯过失；又能待人恭敬，合于礼节，那么全天下的人都会乐于和他相处，把他看成兄弟了，这就是“四海之内皆兄弟”的道理。

子夏以孔门义理慰勉司马牛于患难之中，情深意挚，可以说是“忠告善道”与“以友辅仁”的典范。

专题活动三

探究园地

1. 孝、悌分别对什么人使用？

2. 为什么做子女的要将父母的年龄牢记心头？

3. “身体发肤，受诸父母，不敢毁伤”与“杀身成仁，舍生取义”是否矛盾？请加以申论。

阅读资料

1. 山西女孩孟佩杰被评为2011年感动中国（微博）人物，她孝顺母亲的事迹不仅感动了中国，也感动了天下人的心。养父走后，在她八岁时，养母又生病瘫痪在床，伺候照料养母的重任就压在她稚嫩的身上。当她的养母由于对生活失去信心而准备结束自己生命的时候，被小佩杰发现了，她哭唤着把妈妈从死亡的边缘中拉回，使妈妈放弃了自杀的念头并鼓起重新生活的勇气。八岁的小佩杰既要给妈妈做饭洗衣端屎倒尿，又要跑步到学校上课学习，从小学到初中再到高中，直到考进山西省临汾师院。孟佩杰上大学后，把瘫痪在床的妈妈领到了山西省临汾师院附近的出租屋以方便照顾。四千多个日日夜夜伺候照料瘫痪在床的养母，把养母感动得泪如雨下，养母说："虽然我是养母，但是她比亲生的女儿都好！"孟佩杰十二年如一日照顾养母的故事感动了天下父母，感动了中国，感动了世界。

2. 阅读下面这首诗，谈谈什么是真正的朋友、知音。

高山流水遇知音

摔碎瑶琴凤尾寒，
子期不在对谁弹！
春风满面皆朋友，
欲觅知音难上难。

学习成果展示

百善孝为先。《诗经》："父兮生我，母兮鞠我，抚我蓄我，长我育我，顾我复我，出入腹我。欲报之德，昊天罔极。"子女的生命来自于父母。父母的恩德，有如天之高广，海之深邃；因此，孝敬父母是理所当然的事。中国历史上，以孝闻天下的人数不胜数，如闵子骞、老莱子、李密、小黄香等。

在现代社会，我们应该怎么感恩父母呢？以三十年后的自己的口吻，给父母写一封家书。

修 养

儒家的修养指培养高尚的品质和正确待人处世的态度，或求取完美的学识品德。

一、论自省

自省，是自我意识能动性的表现，是行之有效的德行修养的方法。

"见贤思齐焉，见不贤而内自省也"，这一直是中国人德行修养的标准之一。自省能力好的人表现为意志力强、个性独立、有自己内在的世界观、喜欢独处、追求自己的兴趣、显得有自信、穿着有自己的风格、能独立完成研究主题等；而自省能力差的人自我价值感很低，不知道自己的人生目标，不太留意自己日常的感觉，时常担心亲近的人会不喜欢自己，不喜欢一个人生活，有时会有虚无感，觉得没有真正活着，经常为一些小事不安等。

（一）德之不修

子曰："德之[1]不修[2]，学之不讲[3]，闻义不能徙[4]，不善不能改，是吾忧也。"

——《述而》第七·三

章旨

孔子以不能修德、讲学、徙义、改过四事为忧，并借此勉人。

注释

①**之**：句中助词，无意义。下句的"之"同。

②**修**：治也，修养之意。

③**讲**：讲习，讲求。

④**闻义不能徙**：听到符合道义的事情不能心动神往，虚心相就。

析论

人生在世，难免有远虑和近忧，但一个人所忧虑的事，如果不是自己可以掌握的，那么对此担忧不仅于事无补，反而容易怨天尤人，甚至灰心丧志。反之，所忧虑的事如果是自己有能力去改善的，那么只要奋发图强，躬行实践，效果必然可以预期。

孔子所举四事——修德、讲学、徙义、改过，都是人人能自勉，亦应努力去做的。他所忧的，不是个人处境之穷达顺逆，而是有关修德讲学之事。因为道德如不加以修养，人格必然日加卑劣，也就有为恶的可能；学如不讲求，必不能精，则难以融会贯通，长进不大，孔子于此勉人要力求内在学问道德的修养。而闻义不能迁善，见义不能勇为；知道自己有不善，而不能勇于改过，这是孔子所忧之事，这也是勉人于外在的行为上要能徙义、迁善。如果不能做到徙义、迁善，当然也就谈不上修德，而讲学亦无用。只有内外兼修，才能成为一位君子。

（二）吾日三省吾身

曾子曰："吾日三省吾身[1]：为人谋而不忠乎[2]？与朋友交而不信[3]乎？传不习乎[4]？"

——《学而》第一·四

章旨

曾子自述每日省身慎行之事。

注释

①**吾日三省吾身**：我每天拿三件事来省察自己。省，音 xǐng，省察、反省。身，指"自己"。

②**为人谋而不忠乎**：替人家谋划事情，还有不尽心的地方吗？为，替，代。忠，竭尽自己的心力。

③**信**：诚实守信。

④**传不习乎**：老师传授了课业之后有没有认真温习呢？

析论

曾子每天都拿三件事情来检讨反省自己，这三件事是：替人谋划事情是否尽心尽力？

与朋友交往是否信实诚恳？对老师所传授的课业是否有温习？

一位成功的企业家，他随时不忘检讨自己的营业方式、盈亏状况；一般人在日常生活中，也常常不忘理财、关注自己的收入与支出。在进德修业上，其实也是有盈亏可算的。品德学问增进了，便是盈，盈了便可以鼓舞自己精益求精，以期百尺竿头更进一步。品德学问退步了，便是亏，亏了就要警惕自己，切实检讨反省，以避免重蹈覆辙。如能保持这种逐日审察改进的态度，日子久了，自然可以累积相当的成果，成为品德高尚的人。

曾子每日三省，不仅表现出他的人文素养，也可看出他克己复礼的精神，一步也不放松，紧紧守住义理之要，这也是我们所能自主的，值得人们自勉。

（三）见贤思齐，见不贤而内自省

子曰："见贤思齐[①]焉；见不贤而内自省[②]也。"

——《里仁》第四·一七

章旨

孔子勉人效法贤者，及时自我反省。

注释

①**见贤思齐**：看到贤者就想跟他一样。

②**内自省**：内心自我省察，害怕自己也有这样的毛病。

析论

一个人在一生中做人做事都圆满周至，绝对没有任何错误、过失，具有最高境界的修养，这是非常困难的；所以在儒家的思想中并不希求人根本不犯错，而是要人从检点过失中学习长进。孔子在《论语》中屡屡勉人要勇于改过，如《卫灵公》篇的"过而不改，是谓过矣"（有过失而不悔改，这叫做真正的过失）、《学而》篇的"过则勿惮改"（有了过错，就不要怕改正）。

当然，人不必要亲自历经一切过失，方能成己达德。人除了可以深切反省自己的过失外，也可以借鉴别人的经验来反省，所以见贤要思齐，见不贤要内自省，以避免自己也有这样的毛病。本章深刻说明了孔子教人见贤与不贤，皆可使人反省学习。

本来改过迁善，也可借助朋友的规劝诱导，发觉自己的过错，但人总喜欢听好话，对别人的批评，却多半听不进去，所以假借外力发觉自己的过失，不如靠自己。能"自讼"，自己反省自己的行为，那么便可像颜渊"不贰过"，像子路"闻过则喜"，走向良善的道路。

（四）君子之过

子贡曰："君子之过也，如日月之食[①]焉：过也，人皆见之；更[②]也，人皆仰之。"

——《子张》第一九·二一

章旨

子贡赞许君子勇于改过。

注释

①**食**：通"蚀"，指日月亏蚀。

②更：改正。

析论

孔子教人谨言慎行，但一个有高尚品德的人，也不免会有犯错的时候，重要的是能对自己的过错，勇于承认，勇于改正。本章说明了君子处理过失的光明态度。当他犯错时，他不会文过饰非，而是会勇于面对自己的过失，对于别人善意的批评，能心平气和地接受，愿意诚心去查找自己犯错的原因。因有决心改过，故不必惧人知其过。而当他真的改过了，其人格也将因此次犯错的教训变得更为成熟。犹如日食、月食时，人们都看得见，也都仰望它恢复光明。所以君子犯错而能改正，不但不会降低其威信，反而会更加受人敬重。

心术不正的小人就不是这样了。他顾虑这、顾虑那，既担心丢了面子，又怕失去威信，所以面对自己的错误时，总是抵赖闪躲，不惜作假掩饰过错，或诿过他人，甚而嫁祸他人，一错再错。因不肯勇敢面对现实，承认错误，更不愿坦诚正视现实，改正过错，因而人们对他也就不是仰望的态度，而是鄙夷的神色了。

内心光明磊落、注重修养道德的君子，不必担心犯错，也不必担心别人看见自己的过错。知错而又能改，那才算是真正的君子。

（五）过而不改

子曰："过而不改，是①谓过矣。"

——《卫灵公》第一五·二九

章旨

孔子勉人改过。

注释

①是：此也，指"过而不改"。

析论

在孔门中，是不强求人无过的。孔子在本章更明确地点出过不足畏，而"不改"本身才是过失，他所要求于人的，只是改过。犯错不改，反而找理由掩饰，过错就总是会存在的。

犯错之后，如不能断然改过，便会对所犯过错，千方百计地去抵赖、否认，不惜做假证据、找假证人来强调自己的清白；如果事实俱在，不能狡赖，就只好诿过他人，或搬出万般理由来证明自己为情势所逼；或干脆嫁祸他人，甚至颠黑为白，强词夺理。因而过错愈积愈重，积重而难返。

孔子这两句话，确值得我们系在心头，时刻反省。

（六）君子病无能

子曰："君子病①无能焉，不病人之不己知②也。"

——《卫灵公》第一五·一九

章旨

孔子说君子学习是为了提升自己，不必担心别人不知道，勉励人努力进德修业。

注释

①**病**：忧虑。

②**人之不己知**：即“人不知己”，谓他人不知道自己的才德。之，句中助词，无义。

析论

此章大意是说有修养的人在意的是自己没有能力，而不在乎别人不理解、不知道自己的才能。在孔子看来，人之所以应当力学励行，原是为了提高自己的人格，与他人的知否本不相干。所以君子以“无能”为病，恨自己无能、不长进，并不会去计较旁人是否知道自己。

现实中，有些人总是埋怨别人不理解、不赏识自己，认为自己怀才不遇，生不逢时，因而牢骚满腹，怨天尤人。其实，人如能反求诸己，便可过得踏实而自在，而不会天天活在别人的看法里痛苦愁怨。我们今天所处的是人们一窝蜂追求知名度的时代，急于成名，急于获得外在的肯定，但是如果有名无实，或名过其实，那么，即使享有名气，那个名也是假象，并不值得贪恋，不如充实自我，在修养上精益求精。久之，个人的才智道德自能逐渐为人所理解和赏识。

（七）君子疾没世而名不称

子曰：“君子疾[①]没世[②]而名不称[③]焉。”

——《卫灵公》第一五·一九

章旨

孔子勉人及时进德修业，以期名扬于世。

注释

①**疾**：病，忧虑。

②**没世**：离开人世。没，音 mò，终了、结束。

③**称**：称道、赞扬。

析论

俗语说：“豹死留皮，人死留名。”又说：“名誉是人的第二生命。”一副皮囊使用不满百岁，但是声名却可以流传千古。有才德的君子怕的是生前无人称扬，死后亦无人称道，所以“疾没世而名不称焉”的“名”，并非指浮名虚誉，而是指真正为人民立德、立功、立言，作出非凡贡献，为人所崇敬怀念的善名实誉。孔子说：“四十、五十而无闻焉，斯亦不足畏也已。”（一个人到了四五十岁，还没有一些声望，那他也就不足以敬畏了。）（《子罕》篇）君子在有生之年，即应努力追求能为世世代代传颂的美名，而不是遭人唾弃辱骂的恶名。

正因“疾没世而名不称”，所以君子能勤勤恳恳、兢兢业业，修养品德，孜孜为善，谨言慎行，将一己所能发挥到极致，以求万世芳名。历史上如诸葛亮、岳飞、文天祥等人，虽已逝世百千年，但精神万古长存，声名永垂不朽。但相对的，也有人为了求名，不择手段，他们认为善名难得，恶名易求，虽不能流芳百世，也要遗臭万年，这种行径，是我们应当鄙夷摒弃的。

二、远怨

人与人相处，若不能守道持平，难免会造成误会，滋生怨尤。孔子认为远离怨尤的方法在于严以律己，宽以待人。

（一）躬自厚而薄责于人

子曰："躬自厚①而薄责于人②，则远③怨矣！"

——《卫灵公》第一五·一五

章旨

孔子教人立身处世之道，在于严以律己，宽以待人。

注释

①**躬自厚**：对自己严格要求，即严以律己。躬，自己。厚，严格。

②**薄责于人**：对人不求全责备的意思，即宽以待人。

③**远**：远离。

析论

儒家讲"修身"，是从自身做起。"严以律己"，就是自我要求的具体表现。如果与他人发生争执，首先即需反省自己，这便是"严以律己"。想想看，我们用一根手指指着别人的时候，岂不是还有几根手指正指着自己吗？如果我们自身都没有好的修养，又凭什么去严责他人呢？《新约圣经·马太福音》第七章说："为什么看见你弟兄的眼中有刺，却不想自己的眼中有梁木呢？"譬如同学们看见别人的扫除工作没有做好，若能先反省自己究竟做好没有，不对别人妄加批评，自然不会招致别人的埋怨。像这样多要求自己而少苛责他人，与人相处时，自然不会引起别人的怨恨，而能和谐共处了。

（二）以德报怨

或曰："以德①报怨②，何如？"子曰："何以报德？以直③报怨，以德报德。"

——《宪问》第一四·三四

章旨

孔子论酬德报怨之法。

注释

①**德**：指"恩惠"。

②**怨**：仇怨。

③**直**：正直、合理。

析论

孔子主张仁爱、宽恕，但是也主张人与人之间对待"德"和"怨"要恰如其分，所以并不主张"以德报怨"，因为这样就无以报德了。孔子主张"以直报怨"，但是，"以直报怨"和"以怨报怨"又不一样，这中间的不同在义利之辨。因为"以怨报怨"是一种完全出于利害的考量，人给我十分怨，我一定还他十分怨，这种论斤称两的待人方式距离道德、仁爱太遥远了。“以直报怨”则是站在道德的角度来思考，犯错的一方，一定要受到相当的惩处，才能够深切地反省，反省之后就不会再犯错，人类因而更趋于和谐、善良。这才是“以直报怨”的真正意义。

人于我有德，我们当然要以德报德，俗话说：“受人一滴，报以涌泉。”又说：“施恩慎勿念，受惠慎莫忘。”以德报德，社会将日趋祥和；以直报怨，人人以此自警，不敢犯错，这都是非常适当的；以德报怨，容易流于姑息；以怨报怨，容易流于浇薄，都不是很好的方式；至于以怨报德，那就是禽兽不如了。

（三）贫而无怨

子曰：“贫而无怨，难；富而无骄，易。”

——《宪问》第一四·一一

章旨

孔子比较处贫富之难易，勉人当善其所处。

析论

其实孔子本章所言，无论是“贫而无怨”，或是“富而无骄”，都需要修养的功夫，只不过，功夫有难易之分罢了。唯有修养功夫深厚的人，才能有宽阔的心胸，即使面对贫困，依旧坚守正道。像颜渊，虽贫而“不改其乐”，孔子赞美其“贤”，便是因为颜渊做到了“难”能之事，安贫乐道而无所怨尤的缘故。

三、论君子

君子是智德兼备的知识分子。本节将从学识、修养、行为准则、处世态度等方面讨论君子的修养和表现。

（一）子贡问君子

子贡问君子。子曰：“先行其言而后从之①。”

——《为政》第二·一三

章旨

孔子教导子贡，君子当注重力行，不尚空言。

注释

①**先行其言而后从之**：先把要说的话实行了，然后再说出来。

析论

“言行一致”，是孔子的教育重心之一。本章中，孔子告诫子贡，能先做后说的人，才是一名君子。现代是强调自我推销的时代，人们很容易吹嘘自己，甚至把话说过头。其实脚踏实地做事，先做再说；或者说了，就务必要做到，这样才会受人敬重，才能成为君子。“君子欲讷于言而敏于行”、“君子耻其言之过其行”，这都说明孔子心目中的君子，要谨言慎行，要说到做到。这种主张，对于现代人有很大的启示作用。

（二）子路问君子

子路问君子。子曰："修己以敬[①]。"曰："如斯而已乎？"曰："修己以安人[②]。"曰："如斯而已乎？"曰："修己以安百姓[③]。修己以安百姓，尧、舜其犹病诸[④]！"

——《宪问》第一四·四二

章旨

孔子为子路言君子之道在修己以敬，而后修己以安人，最后做到修己以安百姓。

注释

①**修己以敬**：用诚敬之心和态度修养自己。以，用。

②**安人**：谓使亲族朋友皆各得其所，安居乐业。

③**安百姓**：谓使所有百姓皆各得其所，安居乐业。

④**其犹病诸**：恐怕还做不到。其，语气助词，大约、恐怕之意。犹，尚、还之意。病诸，病之乎，等于"以之为病啊"。病，忧虑，动词。

析论

本章是子路请教君子之道，孔子以"修己以敬"、"修己以安人"、"修己以安百姓"三项，来说明修身的重要性和三种不同层次的君子之道。这三个层次由浅入深，修为时有先后的次序。"修己以敬"是以"诚敬"的心和态度来修养自己，自己的品德修养好了，进一步要能帮助别人，就是要"修己以安人"。至于"修己以安百姓"，范围和对象就更广了。要使每一个人都安居乐业，就连尧、舜都很难完全做到。

孔子曾说他的道是"一以贯之"，曾子说孔子之道是"忠恕"二字，"忠"是尽己，"恕"是推己，"修己以敬"是"忠道"，"修己以安人"、"修己以安百姓"是"恕道"。这三个层次的重要性没有差别，但是它们有先后本末的差异。换句话说，要由"修己以敬"入手，进而竭尽所能，一贯地向"修己以安人"、"修己以安百姓"的方向发展下去。如果不能"修己以敬"，就想"安人"、"安百姓"，那是舍本逐末，不会有效果的。

（三）司马牛问君子

司马牛问君子。子曰："君子不忧不惧。"曰："不忧不惧，斯谓之君子已乎？"子曰："内省不疚[①]，夫何忧何惧？"

——《颜渊》第一二·四

章旨

孔子告诫司马牛：君子当不忧不惧。

注释

①**内省不疚**：自我反省，毫无愧怍。疚，音 jiù，惭愧。

析论

司马牛是宋国桓魋（音 tuí）之弟，桓魋作乱，司马牛忧虑会招致灾祸，惧怕宗族灭绝。因此，在他问怎么样才算是君子的时候，孔子借机用"不忧不惧"来回答，并为他解说道理，说明君子由于能够自我反省，察觉自己毫无愧疚，内心充实无亏，自然无所忧惧。孔子一方面勉励司马牛要好好修为，做一个君子；一方面也安慰他不要为兄长的事忧烦，不要因为外来的横逆常怀忧惧，消除他内心的不安。

孔子曾曰："君子坦荡荡。""坦荡荡"就是内心"不忧不惧"，无愧无怍，充实而祥和。孟子说："仰不愧于天，俯不怍于人。"（抬头无愧于天，低头无愧于人。）这正是不忧不惧的写照。俗话说："平生不做亏心事，夜半不怕鬼敲门。"这就是"内省不疚"、"问心无愧"的结果，不怕鬼敲门正是"不忧不惧"的表现。

（四）君子不重则不威

子曰："君子不重①则不威②，学则不固③。主忠信，无友不如己者④，过则勿惮⑤改。"

——《学而》第一・八

章旨

孔子说做一个君子要庄重、忠信，结交益友，知过能改。

注释

①**重**：庄重。

②**威**：威仪。

③**固**：坚实。

④**无友不如己者**：不结交不如自己的朋友。友，动词，结交朋友。

⑤**惮**：音 dàn，畏惧。

析论

本章为孔子教弟子修养的功夫：态度要庄敬、厚重，使自身有威仪，才能为学坚实。做人能忠诚信实，结交益友，相互切磋，知过必改。全章精神在于"踏实厚重"，以之修身、为学、交友、砥砺品行，则无往而不利，亦可一生受用。

"无友不如己者"这句话很重要。我们的朋友，不外三种人：一种是胜过自己的，一种是和自己相若的，一种是不如自己的。如果照这句话字面的意义来说：张三胜过了你，你想和他做朋友，而在张三说来，你不如他，他岂不是不愿和你做朋友？所以这句话要好好体味。

春秋时，齐国的鲍叔牙和管仲相友善，后人称为"管鲍之交"。论地位，鲍家是齐国的世家，门第很高，管不如鲍；论才具，管大才，鲍不如管。二人曾合伙经商，按当时的情形，这营业是鲍出资、管出力，但分红利时，管却多拿了，但鲍很谅解，认为管仲家贫，应该多拿些。管、鲍二人，一个是才具较高，一个是德行较好，各有胜己之处，可供对方学习，交情才能建立，所以交友要学习对方的长处、优点，这样才能"以友辅仁"。

（五）文质彬彬

子曰："质①胜文②则野③，文胜质则史④；文质彬彬⑤，然后君子。"

——《雍也》第六・一六

章旨

孔子教人本质和文采要配合得当，才能成为彬彬君子。

注释

①**质**：本质，指内在。

②**文**：文采，指外表。

③**野**：鄙陋粗俗。

④**史**：本为官府中掌管文书的人。此指像史官之见闻宽广，外表文雅，虽不致鄙陋粗俗，但本质未必朴实。此处作形容词用，与“野”意义相反。

⑤**彬彬**：此指文质兼备。

析论

一个人的内在和外表都很重要。内在等于本章讲的“质”，是就学问、道德等而言；外表等于本章讲的“文”，指口才、仪态等。假如一个人学问很好，却拙于言词，不会表达；或者说品德很好，却仪容不整，不够雅观，给人呆板、粗野的印象，这就是“质胜文”。反过来说，假如一个人的言词非常流利，却没有内容；或者说相貌堂堂，威仪过人，却品德低下，给人浮夸、虚假的印象，这就是“文胜质”。“质胜文”或“文胜质”，都有缺憾，因此，内在与外表，朴实与文采要配合得当，才能成为表里一致、彬彬温雅的君子。一个人的内在与外表，又如一篇文章的内容与形式，内容指文章所表达的思想观念，而形式指文笔或书法，也必须二者兼美，才是好文章。要想成为一个彬彬君子，又何尝不是如此！

（六）君子有三戒

孔子曰：“君子有三戒[①]：少之时，血气[②]未定，戒之在色[③]；及其壮也，血气方刚，戒之在斗；及其老也，血气既衰，戒之在得[④]。”

——《季氏》第一六・七

章旨

孔子言君子少、壮、老三个时期所应戒慎之事。

注释

①**戒**：戒慎警惕。

②**血气**：血液及气息，人恃以生者，此指精神气性。

③**色**：色欲，淫乐。

④**得**：贪得。

析论

人从生到死，依照生理、心理的变化过程，大致可分为幼、少、壮、老四个时期。幼之时，心智未开，一切都依赖父母照顾；但步入少年后，每一阶段都有难题。少之时，由于生理上开始发育，于是产生了男女情欲，但是这时由于心理不够成熟，假如纵其情欲，会影响身体的发育成长，甚至留下病根，所以孔子告诫我们“戒之在色”。到了壮年之时，生理的发育已经成熟，生命力最为旺盛，体力也最为充沛，支配欲最强，由于好胜，容易顺其血气，好勇斗狠，对不顺己者动辄恶言相向，拳脚相加，甚或刀枪相见，以致酿成苦果。所以在这期间，要用理性来约束自己，孔子告诫我们要“戒之在斗”。到了年老之时，体力衰弱了，对未来产生了恐惧，但对以往也产生了依恋，对既得的权势名位不肯轻易放弃。居高位者，不知退让；执权柄者，不肯交替，直到衰老昏聩，依旧如此。这是人类的通病，所以孔子告诫我们“戒之在得”。血气属于天性，放纵它，只能沦为一般动物，然而，人为万物之灵长，懂得用理性去调和天性，各阶段“戒”的功夫，就是调和的功夫，也是修身养性的功夫。

（七）君子有三变

子夏曰：“君子有三变：望之[1]俨然[2]；即之[3]也温[4]；听其言也厉[5]。”

——《子张》第一九·九

章旨

子夏论君子之容貌体态。

注释

①**望之**：从远而望，观其容。
②**俨然**：端庄的样子。俨，音 yǎn。
③**即之**：就近见之，观其色。
④**温**：温和。
⑤**厉**：严正。

析论

君子因为德术兼修，自然有威严仪态，让人看了会有敬畏感。可是当你接近他时，又会感到温和亲切；再和他交谈，又会觉得他的言词非常严正。这种不同的变化，正可以说明君子修德习业时，兼容并蓄了各种美善的结果。容貌威严，不会是轻浮的小人；温和可亲，不会是残暴的恶汉；言词严正，不会是逢迎的乡愿，这些都是构成君子的要件，也是品学修习到极高点的自然呈现，不是一般人能轻易达到的境界。《论语》中描述孔子的言行容态，都是君子的代表形象。子夏是孔子的高徒，这番对君子容貌体态的描述，应该就是以孔子为对象的。今天社会上受过高等教育，或是在位的人物，又有几人能够如此呢？

四、论君子与小人

（一）君子喻于义，小人喻于利

子曰：“君子喻[1]于义，小人喻于利。”

——《里仁》第四·一六

章旨

孔子说明君子、小人的区别，在于义与利的抉择。

注释

①**喻**：知晓。

析论

义，也是《论语》中重要的观念。什么是“义”？简单地说，义是合理的行为，恰当的抉择。然而，怎么做才“合理”，怎么做才“恰当”呢？这因时因地因立场不同，而存在差异。要拿捏准确，必须有缜密的思考，周详的观照。比如说，国家要加强经济建设，提高人民的物质生活水平，是对的。但若不能同时注意保护环境，甚至忽略污染问题，以至于祸延下一代，造成未来世代的痛苦，便是不合理的。因此，在决定政策之初，便应有长远的考量。同样的，一个人追求财富利益，也必须想到：在追求的过程中，是否会给别人造成损失？带给他人痛苦？甚至会践踏自己的人格尊严？扭曲人性？社会上作奸犯科的歹徒、偷工减料的不肖业者、颟顸（音 mān hān）贪污的官员等，都是只知贪取私利，而不顾合于义理与否的小人啊！

（二）君子怀德，小人怀土

子曰：“君子怀德①，小人怀土②；君子怀刑③，小人怀惠④。”

——《里仁》第四·一一

章旨

孔子点明君子、小人之志念有怀德、怀利的差异。

注释

①**怀德**：心想修持德行操守。怀，存心，以下皆同。

②**怀土**：心想拥有田土产业。

③**怀刑**：心想着刑法的可畏。刑，法也。

④**怀惠**：心想获得好处。惠，恩惠。

析论

君子想的是将自己的德行修好，小人想的是拥有更多的田产；君子念的是刑法的可畏，要谨守礼法；小人念的是要得到别人的好处。君子与小人的区别，就在这念念之间隐然形成。有修养的人，会遵行不违，不但成全了社会，也获得社会的敬重；而一心为利、不知自制的人，却总想钻漏洞、走后门，从中获取暴利，甚至不惜知法犯法、挑衅公权力，大赚黑心钱，肥了自己，苦了社会，这样的人自然也被大众视为败类了。

（三）君子成人之美

子曰：“君子成①人之美②，不成人之恶。小人反是③。”

——《颜渊》第一二·一六

章旨

孔子说明君子、小人的用心不同。

注释

①**成**：助成、成全。

②**美**：善。

③**反是**：与此相反。是，此也。

析论

仁人君子追求美善的真诚，绝不局限在自我一身而已。除了要求自己行止美善之外，他们还希望周遭之人、全体社会，同样都能实践道德，臻于美善。君子看到人有善举美行，必会尽力相助；看到人将蹈恶走险，必会设法劝阻。君子怀着高度的教化热诚，引导他人守法，奖劝他人行善，助成他人修德，以建造美好社会。然而，社会上却也存在着一些人，他们引诱少年犯罪，诽谤正直，打击善政，为此可以料想孔子说“小人反是”时，心情应是沉重的。

（四）君子求诸己，小人求诸人

子曰：“君子求①诸②己，小人求诸人。”

——《卫灵公》第一五·二

章旨

孔子言君子会反省自己，小人则责求他人。

注释

①求：责求。

②诸：“之于”的合音。

析论

自我反省是孔子十分重视的个人修养，也是做人做事的基本态度。遇事不顺，能够自我反省，自己的缺点、毛病就会渐渐减少，说话、行事更趋谨慎，那么成功的可能性也就增加了。然而这是有道德修养的君子才能做到的事；至于缺乏德性修养的小人，遇到事情不顺，就习惯归罪他人，而怨尤丛生。这种不愿反省检讨自己，一味地把责任往外推的态度，即使掩饰了自己的缺点，却于事无补，终究免不了失败的命运。

以上两种对人对事截然不同的态度，正道出了君子与小人的不同，也是一个人做人做事能否成功的关键，我们又怎能不谨慎呢？

（五）君子和而不同，小人同而不和

子曰：“君子和①而不同②，小人同而不和。”

——《子路》第一三·二三

章旨

孔子说明君子与小人的待人态度有和与同的差异。

注释

①和：调和彼此，与人和谐相处。

②同：苟同，曲己从人。

析论

人与人的相处，是一门大学问。在人与人交往时，君子能尊重自己，也尊重别人，能够清楚表达自己的意见，也能调和大家的意见，使大家能和谐相处。不过对于见解拙劣、不合义理的意见，却不敢苟同，一定要维持大原则，绝不做乡愿。而品格低劣的小人则不然，没有原则，只会附和别人，向人奉承、讨好；或是极力维护自己，凸显自己，与人不能和谐相处，最后不免在团体中制造党同伐异的纷争。

在民主时代的今天，君子这种处世的态度更是重要，能坚持大原则，又能调和大家的意见，与人和谐相处。这正是我们应该学习的地方。

（六）君子泰而不骄，小人骄而不泰

子曰："君子泰[1]而不骄[2]，小人骄而不泰。"

——《子路》第一三·二六

章旨

孔子区别君子与小人在形势比人强时气度的不同。

注释

①**泰**：安详舒泰。一说通达也。

②**骄**：骄傲凌人。

析论

当一个人的地位比别人高、权力比别人强、财富比别人多、能力比别人好、名声比别人大甚至容貌比别人美的时候，总而言之，就是资源、形势优于他人时，很容易就产生骄矜自满之情。没有修养的人，会放纵自己的这种情绪，沉溺在睥睨他人的快感中，终至骄傲放肆，目空一切。有修养的人则不然，他会克制自己，让自己在这人生的顺境中，保持舒坦平易的心情，不会盛气凌人，给人难堪。至于缺乏修养的小人，则恰恰相反，一旦得势，或是炫才耀能，目中无人；或是骄奢放肆，盛气伤人，然而内心时常患得患失，生怕别人胜过他，所以心中并无舒泰安详，并不快乐。君子与小人的气度，于此可见。

（七）君子坦荡荡，小人长戚戚

子曰："君子坦荡荡[1]，小人长戚戚[2]。"

——《述而》第七·三七

章旨

孔子描述君子与小人不同的心境。

注释

①**坦荡荡**：坦，舒坦。荡荡，宽广的样子。

②**长戚戚**：长，长久。戚戚，忧虑的样子。

析论

胸怀心境不是勉强装出来的，那是人格定型后的自然呈现。君子所以坦荡荡，小人所以长戚戚，从他们心志的发端便已注定。他们的志趣，指引了人生的方向；他们的信念，影响了处世待人的原则；他们的行事，塑造了其整个人格，终至于喻义怀德、成人之美者为君子；喻利怀惠、成人之恶者为小人。小人的忧戚不安，来自追逐利益时的苦求不得，也来自既得利益之后的担心失去，既患得又患失。不止如此，往往也有因为非作恶、伤天害理而生的恐惧：一怕仇敌报复，二怕上天难容，三怕良心谴责。君子的人生境界，也将因心境平和而无限宽广、无限祥和，无入而不自得。

五、论好恶

（一）众恶之，必察之；众好之，必察之

子曰：“众恶①之，必察②焉；众好③之，必察焉。”

——《卫灵公》第一五·二七

章旨

孔子以为君子判断是非善恶应有一定公正客观的标准，不能随人俯仰。

注释

①**恶**：音 wù，厌恶。

②**察**：仔细地探察。

③**好**：音 hào，喜爱。

析论

君子判断是非善恶，要有客观而公正的标准，不能只以众人好恶是瞻。照一般人的想法，大多数人喜爱的，就应该是对的；大多数人厌恶的，就一定是错的。所谓“民之所好好之，民之所恶恶之”是也。然事实并非如此。众人所讨厌的，未必是错的；众人所喜欢的，未必是对的。春秋时代，子产在郑国执政，前两年他整治田里，调整赋税；提倡节俭，压抑奢侈，人民都很讨厌他，最后子产却成了郑国的大功臣。齐简公时，田常为相，人民对他非常爱戴，田常最后却杀了齐简公，独揽齐国大权。由此看来，“众恶之，必察焉；众好之，必察焉”，这才是知识分子独立判断精神的最高典范。

（二）益者三乐，损者三乐

孔子曰：“益者三乐①，损者三乐：乐节礼乐②、乐道人之善、乐多贤友，益矣；乐骄乐③、乐佚游、乐宴乐④，损矣。”

——《季氏》第一六·五

章旨

孔子以为人类都有爱好，有些爱好对人有益，有些爱好对人有害，不可不注意。

注释

①**益者三乐**：对人有益的爱好有三种。乐，音 yào，爱好。

②**节礼乐**：礼乐有节，得其中和。乐，音 yuè。

③**骄乐**：以骄佚为乐。乐，音 lè。

④**宴乐**：酒食之乐。

析论

人的爱好，有损有益。礼贵中节，乐贵和谐，接触久了，自然能发而皆中节；乐道人之善，则人乐于向善；乐多贤友，则有贤友相互砥砺，每天都有进益。相反，骄傲是人与人之间最难跨越的高墙；而佚游、宴乐都是感官之乐，接触久了，就会蔽锢心灵，不知道

人类的道德善性为何物了。

六、论刚毅

（一）三军可夺帅，匹夫不可夺志

子曰："三军①可夺②帅也，匹夫③不可夺志也。"

——《子罕》第九·二五

章旨

孔子谈论立志之重要。

注释

①**三军**：古代一万二千五百人为一军，周代大国可以有三军，次国二军，小国一军。其后三军遂成为军队的通称。

②**夺**：夺取。

③**匹夫**：一个平民。

析论

项羽曾经号令天下诸侯，手下猛将如云，兵强马壮，但是被刘邦步步逼退，最后在乌江自刎，这就是何晏《论语集解》所说的："三军虽众，人心不一，则其将帅可夺而取之。"三军夺帅，并不是太难的事。但是，匹夫立志之后，却是任谁也无法夺走的。精卫填海、愚公移山，这是古代有名的例子；武训兴学、证严弘法，这是近代有名的例子。一个人心志既定，任谁也无法改变。因为志是由内发出的，可以操之在我；主帅是由他人任命的，是不能操之在我的。因此，人只怕不立志，不必怕志气被夺走。

（二）岁寒，然后知松柏之后凋

子曰："岁寒，然后知松柏之后凋①也。"

——《子罕》第九·二七

章旨

孔子赞美君子能坚守道德。

注释

①**凋**：凋落。

析论

春夏之季，草木繁盛，看不出谁的生命力比较坚强；但是，天气寒冷之后，一般的草木枯的枯，秃的秃，只有像松柏之类的树木仍然苍劲挺拔。人在顺境中，看不出谁的道德操守好，但是一到逆境，就高下立判、好坏立分了。文天祥的《正气歌》所云"时穷节乃见"，便是这个意思。今语说"树倒猢狲散"、"有奶便是娘"，都是讽刺那些不能坚守道德原则的人。

七、论士

(一) 士而怀居，不足以为士

子曰：“士而怀居①，不足以为士矣！”

——《宪问》第一四·二

章旨

孔子以为士人应该有高远的志向，不能只留恋居家的安逸。

注释

①**士而怀居**：士人留恋居家的安逸。

析论

知识分子应该有高远的志向，志在四方，以天下国家为己任，不能只留恋安居，做只知道照顾自己的人。士是国家教育出来的人，受到传统文化的熏陶，因此他应该回馈社会、国家和全人类。如果士只知道留恋安居，那真是不足以为士了。汉朝末年，刘备当面批评许汜只知“求田问舍”，不知拯救国家人民，所以被人看轻，原因就在许汜“士而怀居”啊！

(二) 士不可以不弘毅

曾子曰：“士不可以不弘毅①，任重而道远。仁以为己任②，不亦重乎？死而后已，不亦远乎？”

——《泰伯》第八·六

章旨

曾子勉励知识分子要以仁为己任，终身努力以赴。

注释

①**弘毅**：弘，宽广，指宽大的心胸；毅，坚忍，指坚强的意志。

②**仁以为己任**：把行仁当成自己的责任。为了强调“仁”，所以把仁放在前面，这是先秦常见的句法。

析论

知识分子最可贵的地方，就在于他有理想，而最大的理想是行仁。因此，知识分子是“仁以为己任”的。这样的理想非常重大，而这样的理想，又是终身行之，死而后已的。由此看来，知识分子怎能不宽宏坚忍呢？诸葛亮在隆中高卧，日子过得多么惬意呀！但是刘备三顾茅庐，请他出山之后，从此他尽心尽力，辅佐刘备；刘备死后，又辅佐刘禅，“鞠躬尽瘁，死而后已”，这就是任重道远的典型。

专题活动四

探究园地

1. 讨论“言行一致”在现实生活中的重要性，并分享你对现代一些“言行不一”之人的看法。

2. 气节、操守对当今社会有什么重要作用？

3. 你是否有过义与利交战的心理经验？结果如何？

4. 想法、生活习惯与你差异很大的同学，你会如何和他相处？你会考虑让自己去适应他吗？

拓展空间

1. 试述个人对于现代人君子风范的看法。

2. 试举出历史上三位能称为君子的人物。

学习成果展示

既然说“匹夫不可夺志”，但是，如果一个人在志向执行上有困难，是否仍然要不顾一切地坚持下去呢？就此问题，将班上同学分为两组，开展辩论赛。

言　语

言语是人际间情意沟通的重要工具。如何表达自己心中的情意，如何了解别人话中的理念，如何掌握说话的契机，如何采纳善言的规劝，如何做到言行一致，如何体会评论内涵，这些都非常重要。尤其是出使君子，在出使应对之间，关系更为重大，所以孔门四科中，孔子首重德行，其次就是言语了。

言语之中所蕴含的智慧，值得我们去深入体味。

论法语

法语，即严正告诫之辞。“法语”下又分为“时言”、“善言”与“言行”三子目。

一、时言

语言是与人沟通的重要工具，话说得好，可以拉近人与人的距离，达成目标；话说得不好，可能会造成误会，引起对立和争斗。所以君子要知言，由知言可以知人；同时要懂得在适当的时候说适当的话，才能发挥语言的最大功能。

（一）知人不失人，亦不失言

子曰：“可与言，而不与之言，失人；不可与言，而与之言，失言。知者①不失人，亦不失言。”

——《卫灵公》第一五·七

章旨

孔子告诉人们知人和知言的重要性，智者不会错失人才，也不会说错话。

注释

①**知者**：有智慧的人。

析论

人生在世，成功与否，和知人、知言有很密切的关系。遇到可以谈话、可以使自己增进德慧的人却不和他谈，这就会错失人才。韩信在项羽帐下，无所知名；但是投靠刘邦之后，一席话就把刘邦定三秦、安天下的蓝图决定了，项羽可以说是“失人”啊！相反，和不该为之说话的人说了不该说的话，这就是失言了。唐太宗时，皇太子李承乾有罪被废，太宗以一时私情，随便答应立第四子李泰为皇太子，差点酿成宫廷灾难，这就是失言。身为帝王，一言九鼎，岂可随便许诺，又随便改变？失信于民的次数多了，人民就再也不肯相信政府，国家也就危险了。

（二）君子不以言举人，亦不以人废言

子曰："君子不以言举人，不以人废言。"

——《卫灵公》第一五·二二

章旨

孔子强调知人识言的重要，君子不会因为某人一句话讲得好，就认为这个人很好；也不会因为一个人不好，就认为这个人讲的话完全没有价值。

析论

人非圣贤，很难十全十美。即使是圣贤，也难免有时会出点小差错；相反地，"刍荛之人，语或可采"，因此君子不以言举人，也不以人废言。

历史上祸国殃民的佞臣如安禄山等，无不是能言善道，讲话讨人欢心。因为他们话说得很好，便博得皇帝的宠信重用，结果造成朝政衰败，这就是没有做到"不以言举人"啊！

不以人废言，也是很重要的。冯道是很有名的"长乐老"，他在五代后唐庄宗时，官拜户部侍郎，后唐明宗时官拜端明殿学士；后晋灭后唐，冯道改事后晋，累加司徒，封燕国公；契丹灭后晋，冯道又事契丹，任太傅；后汉高祖立，以太师奉朝请；后周灭后汉，官拜太师中书令。历事四姓十君，在相位二十余年，旧的朝廷被灭，他仍在新的朝廷任官，不以为耻。欧阳修以为他是最没有廉耻的人，后人对冯道也深感不齿。但是在冯道事契丹耶律德光时，有一次，耶律德光问冯道："天下百姓如何救得？"冯道说："此时佛出救不得，惟皇帝救得。"耶律德光听了很高兴，于是就没有再大肆杀戮汉人。后人以为契丹没有消灭中原之人，都是因为冯道这句话讲得很好。由此看来，没有廉耻心的冯道，也能有"一言"而救活百万人的时候，我们不可以因为看不起冯道，便把冯道这句话的贡献也完全抹杀了，这就是"不以人废言"。

（三）侍于君子有三愆

孔子曰："侍于君子①有三愆②：言未及之而言，谓之躁；言及之而不言，谓之隐③；未见颜色④而言，谓之瞽⑤。"

——《季氏》第一六·六

章旨

孔子强调面对有德位的人，说话要不躁不隐，察言观色。

注释

①**君子**：有德行的从政者。朱熹《论语集注》："有德位之通称。"

②**愆**：音 qiān，过失。

③**隐**：隐匿。

④**颜色**：脸上的表情。颜，两眉之间，此处引申为面部；色，脸上的表情。

⑤**瞽**：音 gǔ，目盲。

析论

本章的君子是指有德行的从政者，这种君子考虑事情必然德业兼顾，因此和这种君子讲话，要特别谨慎。时候还没到就抢着讲话，这就叫做“躁”，“吉人之辞寡，躁人之辞多”，言多错误也多，这就会给自己带来很多祸害了。该讲话的时候不讲话，这就叫做“隐”。“隐”，表面上是指有话不说，给人城府太深、不够坦然的感觉；退一步说，纵然没有心机，但是该讲的话不讲，也是有所隐瞒；再退一步讲，该讲的话不讲，该有的权益往往也会跟着丧失了。至于不看颜色就抢着讲话，其不得体，甚至会说错话，那是当然的。

二、善言

人群之中，整天有数不清的话语在传播着。其中有的是正面的，或鼓舞心灵，或增进智慧，或融洽情谊；有的则是负面的，或伤风害俗，或攻击毁谤，或了无意义。负面的话语，使人不舒服；而正面的话语，则使人温馨满怀。所以荀子说：“与人善言，暖于布帛；伤人之言，深于矛戟。”（《荣辱》篇）

正面的话语，对人生有莫大的助益。然而哪些话是正面的、有益的呢？实在也无法一一指陈，本单元且以三章略作举隅。第一章的重点是别人的规劝语，第二章的重点是师长的启示语，第三章则着重自我的合理承诺。听从别人的规劝，使人知过改过；钻研师长的启示，使人明理成长；实践合理的承诺，使自己有义有信。

进德修业，从践履这些善言展开。

（一）信近于义，言可复也

有子曰：“信①近于义，言可复②也；恭③近于礼，远④耻辱也；因⑤不失其亲，亦可宗⑥也。”

——《学而》第一·一三

章旨

有子示人：言行交际当以礼与义为依归。

注释

①信：与人约定。

②复：践履。

③恭：敬顺。

④远：远离。

⑤因：亲近，依靠。

⑥宗：宗主，效法。

析论

说话要守信、对人要恭顺、交友要互相信赖这些平常的道理，不是所有人都能一一做好。有人一味要求“说到做到”，一旦做到了，却反倒伤害了自己、连累了他人，因为那些话是不应该付诸实践的。毕竟人非绝对完美，平时说话，往往会受情绪、环境、局势以及自己知识有限性的影响而违背了理性。有人则一心一意对人恭顺，客客气气，却不知道表现过度，极有可能泯灭是非，不辨善恶，风骨尽丧而沦为乡愿，成为人家瞧不起的烂好人。有人则对朋友全讲义气，不论如何都支持他、信赖他，以为那才够“朋友”，却不知道朋友应该互相切磋德行，规劝是非。举凡这等人，皆因太固执己见，以致失去道德判断的自由，拘固不通，似是遵循规范，却残害了规范的真精神。

这章有子提醒我们，人在言、行、交际上，都要细细思考社会规范的真正用意。社会规范说人要守信，但自己还要有对“义”的辨别；规范说对人要恭顺，但自己还要守“礼”的分寸；规范说要亲近值得亲近的人，但自己还得思考什么样的人才值得自己信赖、依靠。

（二）有一言可以终身行之者乎

子贡问曰：“有一言[①]而可以终身行之者乎？”子曰：“其‘恕’乎！己所不欲，勿施于人。”

——《卫灵公》第一五·二三

章旨

孔子告诉子贡恕道之精要。

注释

①**一言**：简单的一句话。

析论

道德实践最重要的凭靠是自己，而非外在规范。但是所谓凭靠自己的良知来判断是非对错可不简单，那不是自以为是，师心自用；而是必须经过自己不断地思索、讲习、磨炼和修养之后，才能有敏锐的判断能力。孔门师弟之间，日常讲学修德，精彩的部分就在这里。他们相互砥砺切磋，以期不惑于理，不逾规矩。德行讲习中，想要掌握功夫要旨，以最简约的原则来待人处世，应该是虔诚学者的一种积极想法。孔子曾向弟子表示“吾道一以贯之”（《里仁》第四·一五），此章又有子贡求问“有一言而可以终身行之者乎？”即显示出孔子弟子求道若渴、积极修德的心态。

“一以贯之”章，由曾子侧面说出“夫子之道，忠恕而已矣”；此章则再次提到“恕”字，足见这是儒家道德学说的精髓。外在规范既然不尽可靠，那么，指导自己言行的原则，又是什么呢？“恕”应该便是答案。唯有我们推己及人，将心比心，设身处地为别人着想，才能发现怎样的言行是合理、合宜的；才能注意自己待人处世的不足，修正自己的不是。“己所不欲，勿施于人”，真是简约而又具体可行的原则，怀此一念以行世，必能寡过进德了。

三、言行

人类由思想到语言，由语言到行动，都有距离。有人想得到，但是说不好；有人说得出，但是做不到。人的言语要能成就人群，而不是卖弄小聪明；说出的话一定要能做到，实践时一定要全力以赴；宁可做而不说，不要说而不做。

（一）君子讷于言，而敏于行

子曰："君子欲讷①于言，而敏②于行。"

——《里仁》第四·二四

章旨

孔子论君子对言行的态度。

注释

①讷：音 nè，讲话谨慎而不轻率出口。

②敏：勤敏。

析论

一般而言，话多的人，动作就少；动作快的人，话多半也少。俗话说："满瓶水不响，半瓶水响叮当。"正是这个道理。人生时光有限，花在讲闲话上，做正事的时间就少了。况且言多必失，反而害事。

说话容易，所以一般人容易轻忽；做事困难，所以一般人容易怠惰。孔子勉励我们要"讷于言而敏于行"，正是要我们革除这样的缺点。但是，这是不容易做到的，所以孔子也只说"君子欲讷于言，而敏于行"，这一"欲"字，正说明其困难，以见君子时时以此自惕。

（二）君子耻其言而过其行

子曰："君子耻其言而过其行。"

——《宪问》第一四·二七

章旨

孔子论君子对言行的态度，以言过其行为耻。

析论

言过其行，指话说得过了头，但是行为却做不到。其原因，若不是好大喜功，就是存心欺骗，两者都是立德修业的大忌。言过其行，次数多了，就会造成信用破产，讲的话再也没有人会相信，因此君子以此为耻。

（三）古者言之不出，耻躬之不逮

子曰："古者言之不出①，耻躬之不逮②也。"

——《里仁》第四·二二

章旨

孔子论古人以不能实践所说的话为耻。

注释

①言之不出：话不轻易说出口。

②躬之不逮：自身没有能力做到。躬，自身。逮，及。

析论

古人重承诺，一言既出，生死以之。如果是做不到的事，绝不随便答应。所谓“一诺千金”，便是这种典范。荆轲、聂政、季布等，都是这种守信之人。游侠之士，尚且如此，何况是以道德良知自律的知识分子呢！

（四）其言之不怍，则为之也难

子曰：“其言之不怍①，则为之也难！”

——《宪问》第一四·二

章旨

孔子论人言语轻忽，则行动必然难以配合，不易达成。

注释

①怍：愧疚。

析论

言之不怍，表示轻许诺。轻许诺的原因，是不把实践当一回事；不把实践当一回事，当然为之也难。与这样的人交朋友，没有什么事是可以期待的。对人如此，对己也不会好到哪里，那么其在进德修业方面难以有所成就，那是不言可知的。

专题活动一

探究园地

1. 请介绍自己关于言行的座右铭，试说体会，并与同学分享。

2. 言语反映一个人的内心，坏人的话应该是充满了坏心眼的，为什么孔子会说“不以人废言”？

学习成果展示

现代社会讲究“自我推销”，这和孔子要求的“讷言敏行”是否矛盾？在班上开展辩论赛，双方分别持的“自我推销与讷言敏行相矛盾”和“自我推销与讷言敏行不矛盾”观点，最终选出最佳辩手一名。

论　人

评论人物亦属言语中的一种，而《论语》中有关“论人”之章句颇多。今又分为“论古人时人”、“记孔子”、“孔子自述”、“时人评孔子”、“孔子论弟子”等子目，凡此可见孔子心目中理想之人格，以及孔子所以受到尊崇的伟大人格。

一、论古人时人

孔子平时便常以古人、时人为对象，与门人弟子讨论其贤否。在具体评议中，经过合情合理的观察，贤者之所以为贤、不贤者之所以为不贤，都能很清楚地呈现出来。这对人生的价值，自然具有厘清、指引的作用。

（一）伯夷叔齐不念旧恶，怨是用希

子曰：“伯夷、叔齐[①]不念旧恶[②]，怨是用希[③]。”

——《公冶长》第五·二三

章旨

孔子赞美伯夷、叔齐不记别人对自己的旧恶。

注释

①**伯夷、叔齐**：殷商末年，孤竹国国君之二子。父死，相让王位，都逃往周。周武王起兵伐纣，曾拦车劝阻；商灭，二人耻食周粟，隐居首阳山，采薇而食，最后饿死。

②**不念旧恶**：不记挂别人对自己曾经造成的伤害。

③**怨是用希**：怨恨因此也就少了。是，此。用，以、因。希，少，通“稀”。

析论

怨，不是一种正面的心理状态，在孔子的学说里，消除心中的怨恨，是难能可贵的修养。

为什么要消除心中怨恨呢？因为怨恨容易使人心生不满。不满的情绪，如果恣意发泄出来，可能就伤害了他人；而如果强加压抑，积久则郁闷自伤。而且不满的情绪，往往使人失去理性，不能持平看待人事，言行也就偏激，不合礼义。

这一章，孔子赞美伯夷、叔齐的少怨，还说出他们所以能“怨希”的原因——“不念旧恶”，事实上他也为我们明示了消除怨恨的具体做法：人必须懂得宽恕，懂得不去记恨曾经作恶于自己的人，也不要老陷在过去不悦的事情上，否则始终无法走出人生的阴影。

（二）晏平仲善与人交，久而敬之

子贡曰：“管仲非仁者与？桓公杀公子纠[①]，不能死，又相之[②]！”子曰：“管仲相桓公，霸诸侯[③]，一匡[④]天下，民到于今受其赐。微[⑤]管仲，吾其[⑥]被发左衽[⑦]矣！岂若匹夫匹妇之为谅[⑧]也，自经于沟渎[⑨]而莫之知也！”

——《宪问》第一四·一七

章旨

孔子肯定管仲的功业。

注释

①**桓公杀公子纠**：齐桓公名小白，是公子纠的庶弟，二人都是齐襄公的弟弟。襄公昏

庸无道，小白遂投奔莒国，公子纠则投奔鲁国避祸。后来，公子无知弑襄公，自立为君。不久，无知又被杀，鲁国遣兵送公子纠回齐国，但小白已先入齐为君，并且打败了鲁军，迫使鲁国杀了公子纠。

②**不能死，又相之**：管仲原与召忽奉公子纠奔鲁，公子纠既被杀，召忽亦自杀，而管仲不但没有殉身，后来反而辅佐齐桓公。相，辅佐。

③**霸诸侯**：为诸侯之长。霸，伯、长。

④**一匡**：全面匡正。

⑤**微**：无。

⑥**其**：犹言大概、或许。

⑦**被发左衽**：披着长发，穿着开左襟的衣服。夷狄之人风俗如此，意谓受夷狄同化，沦为夷狄。被，通“披”。

⑧**谅**：这里指拘泥于小的信义、小的节操。

⑨**自经于沟渎**：自缢而死于田间沟渠。经，缢。

析论

齐相管仲九合诸侯，一匡天下，功业事迹载入史册，受到后人景仰；但影响世人对他评价的负面因素，也是有的。其中尤其以他未能殉公子纠之难，反而转投政敌阵营，辅助桓公（公子小白）为最。所以子贡和子路都针对这点质问：“像管仲这样的人，可以称仁吗?”（子路之问，同在《宪问》篇。）

孔子的两次回答都从功业上肯定管仲。对子路的回答，《论语》记载比较简单，只说桓公能不凭武力威迫而纠合诸侯，就是管仲足以称仁的大贡献。而这一章，对子贡的回答，则进一步指出：齐桓公为诸侯领袖，导正各国一归正道（谓共尊周王），且攘拒夷狄侵扰中国，使人民得以享有安定、文明的生活，都要归功于管仲。最后，孔子还驳斥，认为以不能殉节来批评管仲者是不对的。因为管仲的志向广大，一生致力于尊王攘夷，存亡继绝，岂能为了自己的小信小节，便放弃一统天下大业的实现呢！

对于一个有文化理想、有政治抱负，又实在有功于后世的人，孔子是不忍对其求全责备，以小废大的。这种宽宏胸襟，值得学习。

（三）子产有君子之道四焉

子谓子产[①]有君子之道四焉：其行己也恭，其事上也敬，其养民也惠，其使民[②]也义。

——《公冶长》第五·一六

章旨

孔子赞美子产有合乎君子的四种美德。

注释

①**子产**：郑国大夫公孙侨，字子产，长于政治，为政宽猛并济，历佐郑简公、定公、献公、声公。当时晋、楚争霸，郑处两大国之间，而数十年没有过战事，子产之功也。

②**使民**：役使人民。

析论

子产做人谦逊规矩，事君敬顺谨恪，这应该就是他之所以能够获得国君信赖，执掌郑国大政的原因了。他为政，一点也不苟且；他照顾人民，使人民都能享有惠利；他使用民力，很有节制，也很合宜，是春秋时期一位杰出的政治家，所以孔子赞美他有君子的风范。揣摩本章的大义，如果从子产的惠与义谈起，也很有意思。

惠是仁爱利人之意，义是合理适宜之意。子产治国，很重视人民的感受，他不以舆论的批评为忤，反而乐于从倾听人民的声音来知道执政的缺失，以求改进，顺应人情。他深信唯有本着爱民利民的心从政，才能减损民怨，一味禁绝批评，只会适得其反。因此，他为政三年，郑国人民歌颂道："我有子弟，子产诲之；我有田畴，子产殖之。子产而死，谁其嗣之？"（《左传·襄公三十年》）子产执政二十二年卒，郑人皆"哭泣悲之，如亡亲戚"（《史记·郑世家》）。观此可知：子产多么深得民心！

子产抚育人民有惠，使用民力合义，这使得他拥有厚实的民众支持基础，奠定他在郑国牢固的政治地位。权高又得众，在此情形下，他不改一贯谦恭、敬谨的态度，辅助国君，不僭越、不怠事、不招忌，在春秋晚期那君不君、臣不臣等伦理沦丧的世代，不是显得难能可贵吗？

（四）孔文子，何以谓之文

子贡问曰："孔文子①，何以谓之'文②'也？"子曰："敏而好学，不耻下问③，是以谓之'文'也。"

——《公冶长》第五·一五

章旨

孔子说明孔文子谥"文"的道理。

注释

①**孔文子**：卫国大夫孔圉，谥号文。

②**文**：依死者生前行迹而为他所立的称号，是为谥。《逸周书·谥法解》记曰："勤学好问曰文。"

③**不耻下问**：不以向地位比自己低、能力比自己差的人请教为耻辱。

析论

孔文子是卫国的贤臣，比孔子早一两年去世，他死后得到的谥号是"文"。谥号是根据死者一生行谊而论定的，反映了当时人对死者品行的评价。

对于孔文子能够得到这样的美谥，子贡似乎有所质疑，是以请教于孔子。孔子则认为孔文子谥"文"，实至名归，因为他聪敏而又好学。而他的好学精神，从他不会羞于向地位较低、能力较弱的人启齿请益，便可看得出来！大抵而言，天资聪敏的人，领悟力本来就高人一等；如果加上勤学好问，必能厚殖学养，充实文雅的生命内涵。孔子可谓一语道破孔文子成就文雅生命的本源所在。好学勤问，也可视为涵养文德的必要条件。

（五）巧言、令色、足恭，左丘明耻之

子曰："巧言、令色、足恭①，左丘明②耻之，丘③亦耻之。匿怨而友其人④，左丘明耻之，丘亦耻之。"

——《公冶长》第五·二五

章旨

孔子说明自己与左丘明一样，鄙夷虚伪不真之人。

注释

①**足恭**：过分恭敬。足，过分。

②**左丘明**：唐赵匡认为此处的左丘明是孔子的前贤，而非后世撰写《春秋·左氏传》的作者。

③**丘**：孔子自称。

④**匿怨而友其人**：隐藏怨恨而与所怨之人交友。

析论

人与人相处最贵真诚，此章孔子引用左丘明的话，表达了对伪善者的谴责。

伪善的人，言语往往最为动听，面容往往最为和善，态度也往往最为恭敬，八面玲珑，长袖善舞，很容易给人好印象。但他们这些表现却只为服务特定的人物——那些对他的升迁、发财等有帮助的人。也就是说，伪善的人把自己的言语、面容、态度等都作为获利的工具，把人与人的相处都视为谋利的手段，目的只在为自己图利，而非和善待人。为了利益，他们尽可逢迎别人，矮化自我；同样，因为利益，他们也可狠心打击别人，不顾情义。所以孔子也曾说："巧言令色，鲜矣仁！"（《学而》第一·三）

朋友之间，虽然不至于勾心斗角，但有时也会因意见相左而产生摩擦，致心生怨恨不满。若是不能自我化解，却只为维持表面的和气，而刻意隐藏、压抑，也不思开诚布公、化解心结，事实上并非真诚的表现，这与伪善相去不远，是不值得鼓励的。而如果隐忍着对某个人的怨恨、仇雠，却刻意去接近他，表面上与他为友，暗地里却伺机报复，这可以说是将"朋友之道"完全践踏了。这种人堪称阴险的小人，为君子所不齿。

二、记孔子

本节记孔子之为人和日常生活，从中可窥孔子闲居时的仪容、态度与神色。由于其内在心性修养深厚，所以外在气象自然中正平和，在待人处世方面，也都能趋于中庸，不偏极端。他戒绝意、必、固、我四事，不语怪、力、乱、神，敬慎斋、战、疾，从这些可见其性格、怀抱与修养。他的恻隐之心，处处随客观境遇而自然流露于日常生活中，如"问人不问马"。在鬼神信仰盛行的时代，他抱持重人道的理性精神，一切尽其在我，为其所当为，俯仰之间，无所愧怍。这些都充分彰显其平凡中的不平凡，值得我们细细揣摩，深深领会。

（一）子之燕居

子之燕居①，申申如②也，夭夭如③也。

——《述而》第七·四

章旨

记孔子闲居时之和适。

注释

①**燕居**：退朝居家，闲暇无事之时。

②**申申如**：舒适自得的样子。如，助词，犹“然”。

③**夭夭如**：温和愉快的样子。

析论

孔子闲居时的仪容、态度与神色，在《论语》中颇有记载。这一章提到孔子在家闲居时，“申申如也”，心中无事，容颜舒展，不是一天到晚皱起眉头在忧愁，表现了孔子的心境平和与坦荡胸怀。同时“夭夭如也”，表现了他温和愉快的心情。

孔子生活时有所乐，亦时有所忧，不过，他所忧的不是个人的利禄穷通，而是德业的进修、仁政的施行与否。因此他虽忧国忧民，但始终有自己执着的信念，所以能达观开阔，安宁愉快。这样的气象，可见孔子的为人，纵然一生挫折困厄，但不以个人为忧，故能自得其乐。

（二）子温而厉，威而不猛，恭而安

子温而厉①，威而不猛，恭而安。

——《述而》第七·三七

章旨

记孔子容态中和、庄严、恭敬而自然。

注释

①**厉**：严肃。

析论

内在的心性修养深厚，表现在外的气象自然中正和平。本章记孔子展现出的容色神态：温和中带有几分严肃，使人感到亲切、可敬，但不敢放肆、轻慢。威严而不刚猛，使人感到神圣不可侵犯，但绝无凶猛暴戾之色。对人恭敬而又安详，不做作也不呆滞，活泼而自然。这与前章“申申如”、“夭夭如”意思相近，都是描述孔子表现出的仪容、态度与神色，总是那么刚柔适中、温和舒泰。这是“修于内而发于外”而逐渐达到的境界，由此亦可想见孔子修养功夫之深厚。

（三）子绝四

子绝①四：毋意②、毋必③、毋固④、毋我⑤。

——《子罕》第九·四

章旨

记孔子所戒除的四种态度。

注释

①**绝**：绝去、戒除。

②**毋意**：不凭空臆度。毋，禁止之词，作“不”讲。意，通“臆”，测度。

③**必**：专必，武断。

④固：固执。

⑤我：私己。

析论

本章记载弟子平素观察老师立身、处世的态度，从中可见孔子的修养境界，也可见弟子平时的观察。

孔子所要弃绝之事是意、必、固、我这四种毛病。“意”是事情未至时，以己意妄加臆测。“必”是主观武断极强，不从客观发展来看事情，便执定主见，毫无理由地认定必然如何。“固”则是一味固执成见，拘泥而不知变通。“我”则是处处以自我为中心，唯我独尊，在狭窄的个人天地之中自我封闭。如此一来，其生命当然也就干涩贫瘠，不可能丰富，不可能进步与成长；处事则足以败事，自处则不能进德修业。孔子之所以戒除意、必、固、我四事，岂无由哉？

从弟子们记下孔子所戒绝的四件事来看，孔子对于认识、判断外界事物，特别强调要严谨、客观、灵活；主张尊重事实，不自以为是，重视别人的存在。这种开明先进的态度与行事风范，颇值得后人研究、借鉴。

（四）子之所慎

子之所慎：齐[1]、战、疾。

——《述而》第七·一二

章旨

记孔子所敬慎之三事：斋戒、战争与疾病。

注释

①齐：通“斋”，斋戒。古代人们在祭祀前要沐浴、变食（不饮酒、不吃荤）、迁室，以示虔诚，谓之斋戒。

析论

本章记载孔子平生敬慎的三件事，那就是斋戒、战争与疾病。孔子于祭祀之前，要谨持斋戒，毕恭毕敬，以示对神灵虔诚的心意；尤其是面对天人之际的祭祀，必须“心诚”才能灵。至于战争和疾病，前者是面对敌我之际，关系国家存亡、人民安危，所以要谨慎处理；后者是攸关个人生命及孝道的精神，所以孔子的态度仍是十分慎重，不敢掉以轻心。从这三件事也可看出孔子凡事尽人事而为的态度及仁者的胸怀。

（五）子不语

子不语[1]：怪、力、乱、神。

——《述而》第七·二〇

章旨

记孔子不谈论怪异、勇力、悖乱和鬼神之事。

注释

①语：谈论。

析论

孔子之所以不谈荒诞不经的怪异之事、惊世骇俗的暴力之事、乱伦败德的悖乱之事以及崇尚迷信的鬼神之事，是因为这些事情无益于人生教化，反而有害于世道人心。因此尽管一般人爱讲、爱听，孔子却不愿也不忍引人入歧途，故宁可闭口不谈。从现在的社会风气来看《论语》，孔夫子不谈这些事，不也很正确吗？目前社会上流行谈怪、力、乱、神，但社会风气不是愈来愈糟吗？悖德乱伦、好勇斗狠、装神弄鬼、悖伦犯上的事情，不也时有所闻吗？这一章阐述了孔子理性开明的人文精神，言简意赅，深具启迪意义。

（六）颜渊季路侍

颜渊、季路侍。子曰："盍①各言尔②志？"子路曰："愿车、马、衣、轻裘③，与朋友共，敝④之而无憾。"颜渊曰："愿无伐善⑤，无施劳⑥。"子路曰："愿闻子之志。"子曰："老者安之⑦，朋友信之⑧，少者怀之⑨。"

——《公冶长》第五·二六

章旨

孔子与颜渊、子路，各言其志。

注释

①**盍**：何不。
②**尔**：汝也。这里指你们。
③**轻裘**：轻暖的皮衣。裘，皮衣。
④**敝**：损坏。
⑤**伐善**：夸耀自己的优点或才能。伐，夸耀。
⑥**施劳**：张扬自己的功劳。施，张扬、炫耀。
⑦**老者安之**：使老年人得到安适的奉养。之，人称代词，指老者。
⑧**朋友信之**：使朋友之间交往，能以诚信相待。
⑨**少者怀之**：使年幼者得到关怀爱护。

析论

本章记叙孔子引导弟子颜渊、子路各自表达他们的志向，而孔子也在子路的请教之下，抒发自己的抱负。孔子利用与弟子相处的机会，引导弟子说出各自的心愿，除了可以了解弟子们的志趣、专长、性格外，也可使弟子们相互学习、砥砺，更可随时给弟子们指点、引导，鼓励他们立定志向，坚定信念。这是孔子经常实施的循循善诱的教育方式。师生之间在和谐的气氛下，有切磋，有请益，很自然地把孔门教与学的情境呈现出来，令人十分向往。

从对话当中，可见子路性情豪爽，很重朋友情谊，个人财物愿与朋友共享。颜渊富于德性修养，乐意发挥自己的才干，为大众服务，而不夸耀自己的长处，不张扬自己的功劳，具有肯奉献而又谦虚的美德。至于孔子，则愿老年人都有人孝敬，得到安养；朋友之间都能以诚信相待；少年人之间得到关怀爱护，其关注的层面更为广阔。

从所呈现的境界来看，子路较偏重朋友之间的义气；颜渊已能扩大层面，为他人服务，又具有谦和的态度，但仍局限在自我的修养上；孔子则自然流露出各得其所的仁者怀抱。

师生三人的志愿虽有不同，境界也有高下，但都充分显现高尚的人格与宽宏的怀抱，足以作为我们的楷模。

（七）季路问事鬼神

季路问事鬼神①。子曰："未能事人，焉能事鬼？"曰"敢问死？"曰："未知生，焉知死②？"

——《先进》第一一·一一

章旨

孔子不道死亡与鬼神等幽明难知之事。

注释

①**事鬼神**：奉祀鬼神。

②**未知生，焉知死**：生的道理还没弄清楚，如何能知晓死后的情形呢？

析论

本章由人事和鬼神问题，触及人的生死问题，由此可见孔子的态度。因"鬼神"和"死亡"的问题，都渺茫而难以知晓，所以孔子采存而不论的态度，既不言其有，亦不言其无，而回答子路："未能事人，焉能事鬼？""未知生，焉知死？"强调要注重现实的人生。这两句话实际上暗示了鬼神、死后之事，是不如伦理道德的实践与实际生活的需要来得迫切的。

孔子何以不谈鬼神之事？因其学说研讨的都是人生切要的问题。在现实里，人对于鬼神是无法加以验证的。有些人舌灿莲花，自以为知道，因此添油加醋，讲得神奇眩目，令人着迷。这样的情形多了，便容易使人放弃其原本应担当的责任，遇到事情，不用自己的智慧去判断，不花自己的心血去努力，以为敬鬼神就能求福。这么一来，人还需要做什么呢？孔子认为与其敬鬼求福，不如先做好现实生活中自己该做的事，先探求活着如何昂首阔步人生，使人活得有意义、有价值。

（八）厩焚

厩①焚。子退朝，曰："伤人乎？"不问马。

——《乡党》第一〇·一二

章旨

记孔子对人命的重视。

注释

①**厩**：马房。

析论

孔子学说以"仁"为本，所谓"仁者爱人"，这一个"仁"字，不但屡见于孔子言论当中，也经常在生活中自然而然地流露出来。

"伤人乎？"这句话十分生动地勾勒出孔子仁者的形象。马房失火，孔子退朝回来，乍听之下，第一个反应是追问有无人员伤亡，可见他重视人的生命甚于物的价值。宋儒朱熹注解说：“非不爱马，然恐伤人之意多，故未暇问。”

一般人也都同意朱子的看法，认为孔子问人不问马是对的，但是有多少人肯知而能行呢？比如说两车相撞，我们是先关心自己的车子撞坏了没，还是有无人员受伤？车房起火了，是先问烧到自己的车没有，还是先问烧到人没有？有人对爱车侍候得无微不至，又是擦洗又是打蜡，对自己的亲人却不闻不问，这些都是值得我们深省的。虽然这些“问马不问人”的现象令人难过，但也有不少人胸怀仁心，如消防队员冲入火场救人，真正体现了孔子这种“问人不问马”的精神，在逐渐物化的当今社会，给人无限温馨。

三、孔子自述

本节所选是孔子的自我评述。从这些言语中，我们可以看出孔子日常生活非常简单朴素，安贫乐道，不怨天、不尤人等。这些美德，都值得我们学习与效法。

（一）不义而富且贵，于我如浮云

子曰：“饭疏食[①]，饮水，曲肱而枕之[②]，乐亦在其中矣。不义而富且贵，于我如浮云[③]。”

——《述而》第七 · 一五

章旨

孔子自述安贫乐道。

注释

①**饭疏食**：吃粗劣的食物。饭，吃，动词。疏食，粗食。

②**曲肱而枕之**：弯曲手臂当枕头而睡。肱，上臂，此指手臂。枕，动词。

③**于我如浮云**：对于我来说就像天上的浮云，比喻无动于心。

析论

富贵是大部分人所向往追求的，本来追求富贵并不是一件坏事，往往也可以激发人的动力，可是追求的方法不正当，就不应该了。

如果用不当的方法得到富贵，一则内心不安，二则这富贵不一定能永久保住。有些横财，常是怎么得来，就怎么失去。为了保护既得的富贵，天天不安，如此则不如安贫乐道，过得舒坦踏实。

荣华富贵本像无底洞，永无满足的时候。有些人一生汲汲营营，到头来却是一场空，一生为富贵的奴隶；倒不如做好生涯规划，学习孔子淡泊和乐的人生态度。

（二）发愤忘食，乐以忘忧，不知老之将至云尔

叶公[①]问孔子于子路，子路不对[②]。子曰：“女[③]奚[④]不曰：‘其为人也，发愤[⑤]忘食，乐以[⑥]忘忧，不知老之[⑦]将至云尔[⑧]！’”

——《述而》第七 · 一八

章旨

孔子自述为学之乐以示人。

注释

①**叶公**：楚国叶县尹，姓沈，名诸梁，字子高，僭称公。

②**不对**：没有回答。

③**女**：通“汝”，你。

④**奚**：何。

⑤**发愤**：自觉不满足而奋力去做。愤，心求通而未得。

⑥**以**：犹“而”，连词。

⑦**之**：助词，无义。

⑧**云尔**：语尾助词，相当于白话文的“罢了”。

析论

每个人都有忘忧、忘食的经验，喜欢下棋的人，下起棋来，就忘了时间；爱聊天的人，聊起天来没完没了；爱打球的人，打起球来，也会忘了时间和忧愁；爱看小说的人，看起小说来，也是没日没夜的，总觉得时间过得特别快。

叶公向子路问孔子，子路没有回答。子路没回答的原因，大概是不知道怎样来形容孔子；孔子知道后，就把自己描述了一番。在孔子自我描述的一段话中，有两个关键词要把握，一个是“发愤”，另一个是“乐”。孔子到底为什么发愤？因什么而乐？孔子一生的成就在他的道德，所以发愤为的是进德修业，他为了进德修业，竟然忘食；从进德修业中，获得的满足与快乐，又使他把忧愁给忘了。处在这种忘忧、忘食的境界中，连老了都不自觉，这就是孔子成为圣人的根本所在。

一个人想做一件事，全身心投入是成功的必要条件，专注于该做的事，还怕什么事做不成？但专注于不该做的事，那就非身败名裂不可了。选择什么是我们所该专注的，是一项非常重要的课题。

（三）择其善者而从之

子曰：“盖[①]有不知而作[②]之者，我无是也。多闻，择其善者而从之，多见而识之[③]，知之次[④]也。”

——《述而》第七·二七

章旨

孔子自述不妄作，其为学方法在于多闻多见，择善而从之、识之。

注释

①**盖**：大概，副词。

②**不知而作**：不知事理而妄自著述。

③**多见而识之**：此句意为“多见，择其善者而识之”，乃承上而省略。

④**知之次**：指次于“生而知之”者。

析论

本章说明孔子研究学问的严正态度。孔子曾经利用鲁国保存的史料写《春秋》。《春秋》中每写一个字都有来历，所以孔子自言自己不是一个“不知而作之者”。

学问由见闻思辨而来，所见所闻越多，自然学问就会增长，但是所见所闻可能有异说，也可能有好坏善恶之别，并不是凡所闻皆是，凡所见皆是。孔子对于它们加以思辨，择其善者而从之，可见他学习态度的认真了。

不知而作，是凭空杜撰，是孔子所厌恶的。孔子以多闻多见而择善从之，虽不及“上知（通‘智’）”（生而知之）之能创作，亦可算是次于“上知”的人。孔子很有智慧，但行事谨慎，尤于创作一事，绝不妄作，自称“知之次”，是自谦之语。这种稳健谦虚的态度，值得我们学习。

（四）不怨天，不尤人

子曰：“莫我知①也夫②！”子贡曰：“何为③其莫知子也？”子曰：“不怨天，不尤人④；下学而上达⑤。知我者，其天乎！”

——《宪问》第一四·三七

章旨

孔子慨叹世人不了解他，因而告诉子贡，他是个不怨不尤、下学上达的人。

注释

①**莫我知**：即“莫知我”，言无人能真切地了解我。莫，没有人，否定代词。

②**也夫**：置于句末的语气助词。夫，音 fū，此处表感叹语气。

③**何为**：犹“何谓”，相当于“怎么说”、“为什么说”。

④**不怨天，不尤人**：不埋怨上天，也不责怪他人。怨，埋怨。尤，责怪。

⑤**下学而上达**：下学人事，上达天理。

析论

《史记·孔子世家》记载孔子说这段话时已七十一岁了，他从五十五岁起周游列国，到六十八岁时再回到鲁国教书课徒。他周游列国的用意在于宣扬自己的学说主张，希望有国君能够任用他，使他一展抱负，促进天下大同。但是各国国君以征伐为尚，都以孔子王道学说难见急效而未加重用。当时孔子七十一岁了（孔子七十三岁卒），天下依然混乱，他的学说依然不被采用，所以就发出了“莫我知”及“知我者，其天乎”的感慨。

孔子下学人事，人事有否有泰，能安然处之，所以不尤人；又上达天理，唯天理表现在人事上，有穷有通，也能洞察它们，所以不怨天。有了这种豁达开朗的胸襟，纵然没有人了解自己，对于自己又有何损？孔子之所以发出“莫我知”之叹，乃慨叹“莫我知”而“莫我用”，因为“莫我用”，所以孔子的政治理想就无法实现了，只好说“知我者，其天乎”了！

四、时人评孔子

对积极入世、充满忧世之心的孔子，不了解者居多，因此，赞赏惋惜者有之，冷嘲热讽者有之；弟子对孔子的观感，则因来自切身深刻的体会，对孔子充满崇仰、爱戴之情。从这两种不同的反应，一方面可以看到圣人之道弘大，故不易为世人知晓的现象；另一方面借正、反两面的评述，更加彰显孔子之为人。

（一）知其不可而为之

子路宿于石门[①]。晨门[②]曰："奚自[③]？"曰："自孔氏。"曰："是知其不可而为之者与？"

——《宪问》第一四·四一

章旨

记隐者晨门之言，道出孔子积极救世的精神。

注释

①**石门**：鲁城外门。

②**晨门**：职司早晚启闭城门的人，此处的守城门者大概是隐居的贤人。

③**奚自**：从何而来？奚，何。

析论

孔子博大精深的思想内涵、传道济世的抱负和使命感，在当时有人肯定他、赞扬他，但也有人揶揄他、讽刺他。他一度在鲁国为官，但不久便辞去，晚年为了寻找能实现他政治理想的国君，带着学生周游列国。

其间，孔子曾语重心长地说："知我者其天乎！"又有一次子路在石门外住宿了一夜，当他第二天入城时，管城门的听子路提到孔氏，就说孔子是"知其不可而为之者"。这一章所述重点即孔子这种积极救世的精神。"知其不可而为之"一语相当准确地表现了孔子当时的困境，以及处于此困境中那不屈不挠的勇者形象，流露出当时人们对孔子的同情、了解，乃至赞佩、叹惋的心情。

所谓"知其不可而为之"，"知"就是明察世态、洞悉政局。孔子并不是脱离现实的梦想者，但在"知其不可"之后，别人抽身而去，明哲保身，孔子却仍挺身而出，虽不能挽狂澜于既倒，也要做一棵疾风中挺立的劲草，坚持自己的理想。这种精神给孔子的政治实践以独特的光彩，也对后人有无限的激励作用。后代有志之士莫不以此自勉，献身理想，百折不回。他们的献身实践，又为这句话增添了许多光芒。

（二）叔孙武叔毁仲尼

叔孙武叔[①]毁仲尼。子贡曰："无以为[②]也。仲尼，不可毁也。他人之贤者，丘陵也，犹可逾[③]也。仲尼，日月也，无得而逾焉。人虽欲自绝[④]，其何伤于日月乎？多见其不知量[⑤]也。"

——《子张》第一九·二四

章旨

子贡赞美孔子之德有如日月，并申辩毁谤者之不自量。

注释

①**叔孙武叔**：姓叔孙，名州仇，谥武，鲁大夫。

②**无以为**：言不要如此毁谤。无，通（毋），禁止之词。

③**逾**：超越。

④**自绝**：自己绝弃于日月，指自认为比孔子更高深。

⑤**多见其不知量**：恰好显示他不自量力罢了。多，适，刚好。

析论

弟子与孔子相处日久，亲受孔子教泽沾溉、人格熏陶，对他有更深刻的认识；对其道德学问、胸怀气度、人格修养等，发出由衷的赞美并对其心悦诚服。如子贡曾数次针对时人对孔子的误解或毁谤，而为孔子澄清或辩白。从子贡的义正词严，一再捍卫孔子圣道之不容诬蔑的态度来看，足见他对孔子的无限崇仰之心。

本章记叔孙武叔毁谤孔子，子贡挺身为老师辩护，并以日月比喻孔子学问道德之崇高和伟大，是任何人都无法超越的。不自量力的人诋毁孔子，既无损于他日月般的光辉，也无损于孔子崇高的形象。子贡之语，足见孔子之伟大，有如日月经天。

五、孔子论弟子

本节所选各章，是孔子针对门下弟子所作的评论，及其与弟子言志等相关的对话。从这些评论与对话中，我们可以了解孔子的理想和教育方式，更可体会出孔门弟子的光明俊伟。他们有理想、有抱负，德才兼备，有为有守，足以负重行远，弘道济世。玩味孔门师生间的对话，我们发现孔子与弟子之间有着相同的志趣和深厚的情谊。他们经常在一起磨砺道义，讲论学问；还进而相期相勉，实现救人救世的理想。研读本单元各章，孔子及其门弟子光风霁月的风姿，竟然又在我们的心上、眼中复活了。

（一）吾党之小子狂简

子在陈曰：“归与！归与！吾党之小子[①]狂简[②]，斐然成章[③]，不知所以裁[④]之。”

——《公冶长》第五·二二

章旨

孔子在陈国时想回归乡里，指导弟子。

注释

①**吾党之小子**：我乡党中的弟子们。党，乡党，周制五百家为一党。小子，指弟子。

②**狂简**：谓志大而疏略于事。

③**斐然成章**：言其德行修养所表现于外的言行举止，颇有可观的文采。斐然，有文采的样子。

④**裁**：修正。

析论

孔子周游列国，想要推行大道，拯救庶民；可是当时各国国君，都沉迷于整军强国、开疆拓土、武力攻伐的战事中，因此孔子虽受各国礼遇，却始终没有国君肯任用他。故孔子最后思归乡里，裁成弟子。

狂简是志大而疏略于事。狂简的人，胆大而心不细，虽然志向高远，但是视事轻易，任事草率，也就是说狂简者是眼高手低的人。年轻人血气方刚，比较容易犯这种毛病。狂简和乡愿不同，孔子最讨厌乡愿，骂乡愿是德之贼；至于狂简，只是学养不足，尚未走上中庸之道而已。如果好好培育他们，教导他们，就能折其轻狂易简而合乎中庸了。中庸之道，就是孔子主张的仁道，是无过无不及之道。

狂简的人，表面看去，像是个潇洒的人，斐然成章，但是这不是成道的表现，教导他们回归中庸之道，就是孔子所说的“裁之”了。

（二）贤哉！回也

子曰：“贤哉！回也。一箪食[①]，一瓢饮[②]，在陋巷，人不堪[③]其忧，回也不改其乐。贤哉！回也。”

——《雍也》第六・九

章旨

孔子赞美颜回之安贫乐道。

注释

①**一箪食**：一箪饭。箪，盛饭的圆形竹器。

②**一瓢饮**：一瓢水。瓢，用葫芦剖制成的舀水器具。

③**堪**：忍受。

析论

颜回吃的是粗食淡饭，住的是简陋小屋，一般人都会承受不了这种贫穷的生活，而他却丝毫不受影响，仍自得其乐，这和孔子自己说的“饭疏食，饮水，曲肱而枕之，乐亦在其中矣”（《述而》篇）是相同的人生态度，也是君子的修为，所以孔子特别赞美颜回。

颜回家境贫苦，却能安贫乐道，我们如不像颜回那样贫穷，自然不必过跟颜回一样的贫困生活；然而他的高贵情操、安乐精神，确是我们学习的好榜样。

（三）有颜回者好学

哀公问：“弟子孰为好学？”孔子对曰：“有颜回者好学，不迁怒[①]，不贰过[②]，不幸短命[③]死矣！今也则亡[④]，未闻好学者也。”

——《雍也》第六・二

章旨

孔子答鲁哀公所问，嘉许颜回好学，并惋惜其命短。

注释

①**迁怒**：把愤怒转移到无关的人或物身上。

②**贰过**：再犯相同之过失。贰，重复，动词。

③**短命**：谓早死。颜回四十岁而亡。

④**亡**：音 wú，通“无”。

析论

“学”的意义和范围很广，在孔子心目中，颜回是最好学的学生。颜回死后两年，孔子才死去，所以鲁哀公问孔子的时间，在孔子七十一岁以后。颜回死后，孔子很多大弟子都还健在，像子游、子夏都是文学科的大弟子，孔子却不称举他们好学，本章孔子之所以特举颜回好学，要从“不迁怒，不贰过”来理解。

不迁怒是审辨的功夫，是理性的行为。不迁怒的人，犯了一个错误，会检讨这个错误，不会牵连到其他的人或事上面；进一步说，自己受了怨气，也不随便把怒气发泄到别人身上，这是人己关系的和谐，是“恕”道的发端。

不贰过是反省的功夫，是彻底的觉悟，它指不再犯同样的过错。人非圣贤，孰能无过，过而不知反省悔改，就会一错再错，积重难返了。

从以上分析，孔子称赞颜回好学，着眼点重在自我修养，重在道德实践，而不只是求得书本上的知识而已。

（四）临事而惧，好谋而成

子谓[①]颜渊曰：“用之则行，舍之则藏[②]，惟我与尔有是夫[③]！”子路曰：“子行三军[④]则谁与？”子曰：“暴虎冯河[⑤]，死而无悔者，吾不与也。必也临事而惧[⑥]，好谋而成[⑦]者也。”

——《述而》第七·一〇

章旨

孔子赞许颜渊能在为世所用时，积极努力地做事；当不为世所用时，则退隐起来。同时，孔子勉励子路临事当守戒慎善谋之道。

注释

①**谓**：告语。

②**用之则行，舍之则藏**：若遇到贤君重用，就行道于世，兼善天下；若遭舍弃，不为世所用时，则退而独善其身。行，实行经世济民之道。舍，音 shě。

③**夫**：句末语气助词，相当于口语“吧”字。

④**行三军**：统率三军。古代兵制，一万二千五百人为一军。天子六军，大国三军。

⑤**暴虎冯河**：空手搏虎，涉水渡河。暴，搏斗。冯河，徒涉，无舟涉水。冯，音 píng，为“淜”之假借字。《说文解字》：“淜，无舟渡河也。”

⑥**临事而惧**：面临用兵之事，能谨慎戒惧。

⑦**好谋而成**：善于规划谋略而决定成功。成，成功。

析论

本章可分两个层面来理解：一是孔子称许颜渊已臻用舍行藏随时处中的境界；二是孔子回答子路的问题，指点他临事戒惧的要领。

孔子对颜渊说：“用之则行，舍之则藏，惟我与尔有是夫！”行与藏都是针对“道”来说的。孔子与颜渊都有高尚的品格和深厚的才学，足以行道，若得君王重用，必能“得志泽加于民”、“达则兼善天下”（《孟子·尽心》篇上）；若见弃于时君世主，则怀藏道术，退隐林泉，“独善其身”，“修身见于世”（《孟子·尽心》篇上），绝不患得患失，贪恋权位。无论用与舍，都能以义为准则，随时处中，恰如其分。孔子、颜渊的高风亮节，较之于世上蝇营狗苟、机变谲诈、争权夺利、寡廉鲜耻的政客，真有天壤之别。

子路见孔子如此认可颜渊，也想表现一下，于是立即请教老师：“若是行军作战，老师将用谁？”言下之意，当是“非我子路莫属了”。子路虽有才学，可是也难免有所疏略，孔子遂借机指点他，以期子路恢弘器识，更上层楼。孔子是不轻易谈论军事的。如果一定要谈行军作战，也有境界高下之分。一味逞血气之勇，就好比暴虎冯河，却没有什么头脑，这种人是不足以统率三军的。只有头脑冷静，思虑周密，面临军事能战兢戒慎，足智多谋而稳操胜券的人，才足以克敌制胜，达成任务。孔子这番话不仅将“勇之粗者”与“勇之精者”区分得很清楚，而且提升了子路的境界，可谓善譬而喻。

（五）子路无宿诺

子曰：“片言①可以折狱②者，其③由也与！”子路无宿诺④。

——《颜渊》第一二·一二

章旨

记孔子赞美子路的判狱明快公允，令人民信服；并记子路急于实践诺言。

注释

①**片言**：简要的言辞。

②**折狱**：决断狱讼之事。折，决断。

③**其**：大概，或许。表推测的助词。

④**宿诺**：久留未践的诺言。宿，留。

析论

子路为人笃实刚果，具有忠信明决的美德，因此审理官司，决断狱讼，所作的判词往往公正允当、简明扼要，而且宣读判词，还没结束，就已令人心悦诚服。

笃实刚果、忠信明决的人，假使对别人有所承诺，自然也是以道义为准则。由于信近于义，顺理成章地，必定勇于、急于实践诺言，又怎么会有宿诺呢？

子路一向是忠信果敢、有闻即行的人。这种人格特质，无论表现在狱讼的判决，还是诺言的践履上，都显得明快合宜，干净利落，全无拖泥带水、推卸责任的毛病。这样的豪杰之士实在值得我们效法。

（六）孝哉，闵子骞

子曰：“孝哉！闵子骞。人不间①于其父母昆弟之言。”

——《先进》第一一·四

章旨

孔子叹美闵子骞的孝行著于当世。

注释

①**间**：非议。

析论

闵子骞善事父母的事迹，《韩诗外传》和《说苑》都有记载。其内容大致如下：闵子骞母亲过世之后，父亲再娶，又生二子。有一天，闵子骞为父亲驾马车，双手冻得握不住缰绳。父亲握着他的手，发现他的手极为冰寒；再摸摸他的衣服，发现他的衣服实在太单薄了。父亲回家之后，发现闵子骞的两个异母弟弟穿的衣服又厚又温暖，就对闵子骞的后母说："我娶你为妻，就是为了妥善照顾孩子，现在竟然如此！"于是要赶走闵子骞的后母。闵子骞对父亲说："母在一子单，母去三子寒！"他的父亲为之默然。当时社会上纷纷流传此事，大家对于他父母兄弟称赞他的话，没有异议，并且都说："孝哉！闵子骞。一言其母还，再言三子温。"

处人伦之常，实践孝道，自然是顺理成章的事。处人伦之变，还能实践孝道，成全父母子女、兄弟姊妹的亲情，一如闵子骞的孝心与作为，发自天性，出乎至诚，那就更是难能可贵了。翻开报纸，打开电视，经常看到许多践踏人伦的不幸事件。假使世人都能善体闵子骞发自天性的纯孝，以处人伦之变，我们的社会必然充满和谐的气氛。

专题活动二

探究园地

1. 列举一位你所尊敬的历史人物或公众人物，说出尊仰他的原因。

2. 孔子是个有魅力的人吗？请说明理由。

3. 在现今的社会，"知其不可而为之"的精神是否可取？

学习成果展示

1. 深入探究揣摩孔子及其弟子的人物个性及其各自的人生抱负。课下，查阅资料如《四子侍座》等，全班分成四组，每组改编表演一则关于孔子及其弟子言行的舞台情景剧。比比看，哪位同学表演得最好。

2. 读了以上各章，你对孔子的为人是否有较清楚的认识？请用一二百字形容你心目中的孔子。

孔 子 行 教 像

政 事

孔子一生，栖栖惶惶，周游列国，主要目的在于推展其政治理念，故《论语》书中有不少论及政治的篇章，今分别汇整，列入“政事类”，使读者对孔子的政治理念能有较完整的认识。

在政事类中，又因选辑章句内涵的不同，分为“论政治”与“论礼乐”两个子目，由此可见孔子政治理念之大端，有使民富足、教民知耻，正身力行、举用贤才，树立诚信、正名定分，君臣伦理、礼让为国，以及尊五美、摒四恶，近者悦、远者来等。

至于礼乐，乃教化之事。礼以铄外，乐以和内，盖“恭而无礼则劳，慎而无礼则葸，勇而无礼则乱，直而无礼则绞”。故孔子特别重视礼教，认为为政者要能“道之以德，齐之以礼”，人民才能“有耻且格”。而子游为武城宰，教民弦歌，以为“君子学道则爱人，小人学道则易使”，正是奉行孔子乐教之政治理念。今故将“论礼乐”归入“政事类”中。

论政治

《论语》一书，记载了孔子答弟子、时人之问，对政治做了剀切详明的论说，内容丰富，兹选录二十五章，分类编次而述之。

为政首须繁庶人口，改善民生；继之以教育人民，增强国力，故编“子适卫”、“孟氏使阳肤为士师”、“善人教民”、“以不教民战”等为前四章。为政之道在于以身作则，为民表率，举用贤才，按部就班，以收风行草偃之效，故编“道之以政”、“其身正”、“季康子问政于孔子”（政者，正也）、“季康子问政于孔子”（君子之德，风）、“子路问政”、“仲弓为季氏宰”、“子夏为莒父宰”、“哀公问何为则民服”等为五至十二章。为政应以诚信为本，故编“君子信而后劳其民”、“子贡问政”等为第十三、十四章。为政必须正名，名正然后言顺，事成，然后君臣各尽其职，故编“齐景公问政于孔子”、“卫君待子而为政”、“定公问君使臣”、“子路问事君”、“不在其位”等为十五至十九章。为政者应以礼让为国，应具备温、良、恭、俭、让等美德，应奉行“五美”，摒除“四恶”，应体恤人民，而以“聚敛”为戒，故编“能以礼让为国”、“夫子之至于是邦”、“尊五美”、“哀公问于有若”、“季氏富于周公”等为二十至二十四章。至于近悦远来，赢得民心，也是为政的要务，故编“叶公问政于孔子”为第二十五章。

一、子适卫，冉有仆

子适卫，冉有仆[①]。子曰："庶矣哉！"冉有曰："既庶[②]矣，又何加焉？"曰："富之。"曰："既富矣，又何加焉？"曰："教之。"

——《子路》一三·九

章旨

孔子教导冉有为政之道，在于庶、富、教三事。

注释

①仆：驾车。

②庶：众多，这里指人口众多。

析论

鲁定公十三年（卫灵公三十八年）春，孔子由鲁国前往卫国。当时冉有驾着马车，一路上，只见卫国的百姓，人来人往，熙熙攘攘，一片繁荣富庶的景象。于是师生之间，针对如此情境，展开了一场脍炙人口的对话。

一个国家，人口繁庶之后，首先必须养民，让人民丰衣足食。丰衣足食之后，为政者的当务之急，必然是"教之"了。提高民众的知识水平、文化水准，提升他们的人文素养、远见卓识，培养高尚的品格；还要懂得如何自我实现，如何立人达人，以期政府与民间，群策群力，缔造富强康乐、优雅恬适的国度。仔细玩味孔子和冉有的对话，我们当有以上的体悟。

二、孟氏使阳肤为士师

孟氏使阳肤[①]为士师，问于曾子。曾子曰："上失其道，民散久矣！如得其情，则哀矜[②]而勿喜。"

——《子张》第一九·一九

章旨

曾子教阳肤要存恤刑爱民之心。

注释

①阳肤：曾子的学生。

②矜：怜悯。

析论

曾子的弟子阳肤被孟孙氏任命为掌理狱讼的官吏，他特别请求老师指点。曾子先指陈鲁国当时的社会背景，居上位的君卿偏离教养人民的正道，百姓乖离、民心离散已经很久了；由此告诉阳肤审理案件时，要同情人民不得已的苦衷，审察他们犯罪的真实情况，哀悯他们因无知而受刑，不要因了解了案情的真相而居功自喜。

得情而矜，正是恕道的体现。审理犯罪的案件，尤需怀着哀矜怜悯之心，这才是审察狱讼之争应有的态度。

在政教失序时，若查出人民犯罪的实情，绝不能自诩明察秋毫，手段高明，而应设身处地，加以哀怜。如果在上位的人能以正道和礼乐教导人民，人民又何至于败德犯罪呢？因此负有司法、典狱职责的官吏，尤应三思曾子的提示。

三、善人教民七年

子曰："善人教民①七年，亦可以即戎②矣。"

——《子路》第一三・二九

章旨

孔子认为应该由仁慈的人来当政，用有效的方法来教化民众多年，也可让他们去打仗了。

注释

①**教民**：以孝悌忠信之行、务农讲武之法教民。

②**即戎**：就阵作战。即，就也。戎，兵戎。

析论

古代社会，人民以从事农业为主，从军作战，报国为民的军事训练，则采寓兵于农的方式。因此，善人为政，必先教百姓孝悌忠信的行为修养、农田耕耘的生产技能，在农闲的时候操练战技、演习阵法等。此外，在思想观念上，最重要的是使人民了解为国效命的大义，体认保卫疆土的责任。一旦国家对外发生战争，人民才会勇于作战，效命疆场，担当起"执干戈以卫社稷"的神圣使命。

四、以不教民战

子曰："以不教民战①，是谓弃之②。"

——《子路》第一三・三〇

章旨

孔子指出用没有受过训练的民众去打仗，就等于抛弃他们，践踏他们的生命。

注释

①**以不教民战**：派没有经过训练的人民去作战。以，用也。不教民，不教之民，指未受过良好教化和严格军事训练的人民。

②**弃之**：抛弃他们。之，指人民。

析论

执政者不可轻易用兵，如需用兵作战，尤其是保国卫民的正义之战，必须先教育和训练人民；否则人民不知为何而战、为谁而战，也不具备相当的技能。让他们盲目参战，必然会白白牺牲，这就等于是弃绝人民的行为。唯有"明耻教战"，才能克敌制胜；也唯有视民如伤、具有仁者之怀的为政者，才能获得人民的拥戴。

上一章"善人教民七年，亦可以即戎矣"，说明了善人教民，可使人民有勇且知义方，国家可以有备而无患；这一章则对“不教民战”的不负责态度，予以严厉批评。孔子认为这是抛弃人民，让人民白白去送死。在诸侯互相兼并、天下兵争无时或已的现实情况下，虽然只有德治才是国家长治久安的根本，但充实军备、训练战技仍是必要的。此二者并不冲突，这是我们阅读本章时应有的认识。

五、道之以政

子曰：“道①之以政，齐②之以刑，民免③而无耻④；道之以德，齐之以礼，有耻且格⑤。”

——《为政》第二·三

章旨

孔子阐发以德、礼治国，其效果远胜于政、刑的道理。

注释

①**道**：有两种解释，一为“引导”，二为“治理”。前者较为妥帖。

②**齐**：整齐、约束。

③**免**：避免、躲避。

④**耻**：羞耻之心。

⑤**格**：有两种解释，一为“至”，二为“正”。

析论

在本章中，孔子举出两种截然不同的治国方针。孔子认为，刑罚只能使人避免犯罪，不能使人懂得犯罪可耻的道理；而道德教化比刑罚要高明得多，既能使百姓循规蹈矩，又能使百姓有知耻之心。这反映了道德在治理国家时有不同于法制的特点，但也应指出，孔子的“为政以德”思想，重视道德是应该的，但却忽视了刑政、法制在治理国家中的作用。

六、其身正，不令而行

子曰：“其身正，不令①而行；其身不正，虽令不从。”

——《子路》第一三·六

章旨

孔子主张居上位的人必须立身端正，才能顺利推行政令。

注释

①**令**：命令，教令。

析论

领导者应该遵行正道，循途守辙，端正他的品格，做部属的模范。如果一个领导者具有上述的领袖特质，自能感召众人，起而效法，也奉行正道。如此一来，领导者和被领导者的人格特质日益相似，自然达成共识，上下一心了，这样领导者还须三令五申地来要求他的部属吗？有时领导者甚至垂拱无为，无所号令，大家也会受他德业和教化熏陶，凡事遵行正道，无所违逆呀！

反之，若身为领导者，却言行不端，甚至败德丧纪，那么他的部属或民众必然厌薄此人，而不屑和他同流合污；如由品德不端的人来领导，那其部属也自然会耳濡目染，学到一些乖戾的思想言行。如此一来，再怎么三令五申，也无法让部属民众奉行政令了。

七、政者，正也

季康子问政于孔子。孔子对曰："政者，正也。子帅①以正，孰敢不正？"

——《颜渊》第十二·一七

章旨

孔子答季康子问政，强调为政必先正己，然后才足以正人。

注释

①帅：通"率"，领导。

析论

政治是管理众人的事，必须以正道为准。孔子用"正"字诠释"政"，是有深意的。那就是为政的人先要以身作则，笃守正道；如此一来，人民自然起而影从，归于正道了。

鲁国自春秋中叶以后，国政被三桓（孟孙氏、叔孙氏、季孙氏）把持，纷纷僭越礼法，而季孙氏就是其中之一；于是有些家臣也起而效尤，据邑背叛。这些行径，都是和正道相违背的。孔子有感于此，所以才用"政者，正也"之道告诫季康子，希望他为政能正本清源。

八、君子之德，风；人小之德，草

季康子问政于孔子曰："如杀无道①，以就有道②，何如？"孔子对曰："子为政，焉用杀？子欲善，而民善矣！君子之德，风；人小之德，草。草上之风③，必偃④。"

——《颜渊》第十二·一九

章旨

孔子告诉季康子为政不可依恃刑杀，而应以身作则，以善化民。

注释

①无道：指作恶的人。

②有道：指有德行的人。

③草上之风：指风加之于草。

④偃：仆，倒。

析论

刑杀作恶的人，这种行为本身是否"有道"，本来就值得商榷；更何况"齐之以刑"的结果是"民免而无耻"呢！因此"杀无道"以"就有道"，不管从理论或是实际的层面来说，都是行不通的。

领导者的好尚，往往动见观瞻，带动整个社会，形成某种风气，所谓"风俗之厚薄……

自乎一二人之心之所向”（曾国藩《原才》），这几乎是古今的通则。季康子是鲁国的权臣，位高势重，其言行思想对于各级官员和人民都有相当的影响。孔子向他建议：“子欲善，而民善矣。”说明为政治本之道，本来不在于凶残狠戾，专恃刑杀；而是要以仁厚的情怀与道德礼法引导人民，向上向善。

光是说理，或许说服力还不够，于是孔子又透过贴切的譬喻，以晓谕季康子。“君子之德，风；人小之德，草。草上之风，必偃。”这个譬喻阐明了居位的君子和人民之间，地位不同，势力悬殊；人民往往是较易听从领导者的呼吁的，领导者若能以身作则，为民模范，自能收到上行下效、风行草偃的效果。

九、子路问政

子路问政。子曰：“先之，劳之[①]。”请益[②]。曰：“无倦[③]。”

——《子路》第一三·一

章旨

孔子示子路为政之道在于以身作则，持久不怠。

注释

①**先之，劳之**：先，引导，先导，即教化。之，指老百姓。做在老百姓之前，使老百姓勤劳。

②**益**：请求增加一些。

③**无倦**：不厌倦，不松懈。

析论

为政首在“先之”。先用最高的标准，最严的法度来自我要求，自我规范；然后用道德礼义教化臣民，凭学养知能服务部属。如此以躬行实践和热心服务来代替高高在上的领导，自能感化臣民部属，使他们崇德好学，在推行政令、为民服务时，自能收到风行草偃的良好效果。

其次是“劳之”。领导者日理万机，宵旰勤劳，为的不是争权势、谋私利，而是要勤求民隐，纾解民困，为人民、部属谋福利。像这样不辞辛劳的“凡民之事，以身劳之”（朱熹《论语集注》），自能使政通人和，百姓安泰了。

“先之，劳之”，虽然只是寥寥四字，却蕴含着为政治国的许多道理。子路一时还不满足，以为不足以阐述为政之道，希望孔子多给一些指点。孔子于是再扼要地回答“无倦”两字，让子路深思，并且勉励他在“先之，劳之”的同时，要耐得住繁琐，要能持久不懈，假以时日，自能为政有成。

十、仲弓为季氏宰，问政

仲弓为季氏宰，问政。子曰：“先有司[①]，赦小过，举贤才。”曰：“焉知贤才而举之？”曰：“举尔所知，尔所不知，人其舍诸？”

——《子路》第一三·二

章旨

孔子教导仲弓为政当重选贤举能。

注释

①**有司**：古代负责具体事务的官吏。

析论

仲弓任季氏家臣，孔子指点他三项行政要领：各部门的事，须先责成主管人员办理，使他们各尽其责；属下有了小过错要赦免他，才能发挥劝勉鼓励的作用；提拔有贤能的人才，使事务能顺利进行。

国家政务繁多，若要一一亲自料理，如何兼顾得及？所以身为主管，行政业务应该要能分层负责，而由总理者考核功过。唐太宗曾诫杜如晦说："公等读牒不暇，安能求贤？"正说明了宰相要能知人善任，设官分职，各理所司。属下有过错，除非足以贻误大事者，理应惩处，否则应加以宽宥，这是领导者应具有的胸襟器度。能如此，自然人人奋勉，都愿尽心效力了。至于是否任用贤才更是国家政治清明与否的关键。能知人善任，使"贤者在位，能者在职"，自然辅弼之士，人才济济，推行政事，易于有成。

孔子所说的三项原则，就今日来看，不仅可施于国政，举凡民营企业、制造工厂、连锁商店等人事管理，都可参考应用。

十一、子夏为莒父宰，问政

子夏为莒父[1]宰，问政。子曰："无欲速，无见小利；欲速则不达，见小利则大事不成。"

——《子路》第一三·一七

章旨

孔子告诉子夏为政不可求急功，好小利。

注释

①**莒父**：鲁国的一个城邑，在今山东省莒县境内。

析论

子夏出任鲁国莒父的县官，想在任内有所表现，见出治理的绩效。孔子看出他急于求效的心理，便指示他"不能只求速效"、"不要贪图近利"，期勉子夏要有远大的眼光，着眼于长远的目标。孔子认为"只求速效"与"贪图小利"的做法，不但达不到预期的目标，而且不能成就大事。

行事草率，则不能洞烛机先；只见眼前利益，则往往忽略背后的祸患。因此为政必须循序渐进，并从大处着眼，不可急求近功。

当前社会，一切讲究效率，追求快速，因此人们渐渐形成只求成效、不问功夫的风气。但是一心求快，却往往达不到预期的进度和目标。为政、求学都是如此，躐（音 liè）等躁进就无法有成效，无法领悟道理。

因此，无论是做事，还是求学问，我们都应该平心静气，不急遽无序，不一味求快；

按照既定的计划，做好充分的准备，循序渐进、踏踏实实地去做，这样最后才有可能达到目标，实现理想。

十二、举直错诸枉，则民服

哀公①问曰："何为则民服？"孔子对曰②："举直错诸枉③，则民服；举枉错诸直，则民不服。"

——《为政》第二·一九

章旨

孔子答鲁哀公问政，说明为政重在举用正直之士。

注释

①**哀公**：姓姬名蒋，哀是其谥号，鲁国国君，公元前494至前468年在位。

②**对曰**：《论语》中记载对国君及在上位者问话的回答都用"对曰"，以表示尊敬。

③**举直错诸枉**：举，选拔的意思。直，正直公平。错，通"措"，放置。枉，不正直。

析论

亲君子，远小人，这是孔子一贯的主张，在选用人才的问题上仍是如此。荐举贤才、选贤任能，这是孔子德治思想的重要组成部分。宗法制度下的选官用吏，唯亲是举，非亲非故者即使再有才干，也不会被选用。孔子的这种用人思想在当时可以说是一大进步。"任人唯贤"的思想，在今天亦不失其珍贵的价值。

十三、君子信而后劳其民

子夏曰："君子信而后劳其民。未信，则以为厉①己也。信而后谏。未信，则以为谤己也。"

——《子张》第一九·一〇

章旨

子夏认为君子从政应先取信于人民和上司。

注释

①**厉**：病，伤害。

析论

从事政治工作，无论对人民或上司，都必须发挥诚信的精神，先取信于对方，然后达到朱熹所说"诚意交孚（信）"的境界，才能完成政治任务。

政府的施政必须得到民众的协助、配合与支持，才能有效达成目标，为人民谋福利。政府官员基于利民的考量，采取某些政治措施时，若能和人民建立共识，互相信赖，那么，动员人民来协助施政，以达成目标，自能减少许多阻力，甚至于化阻力为助力，获得大多数民众的支持，而有所作为，福国淑世了。反之，如果政府官员和人民不能以诚信相感召，不但不易推行政务，而且人民还会误以为那些政治措施将损伤自己的权益，于是拒绝与政府合作，甚至起而抗争，引发不必要的冲突，那岂非欲益反损吗？

身为部属，也应取信于长官，这样一来，部属忠心劝谏长官，长官自然不疑有他，乐意接纳，当然也就不致误以为是攻讦、毁谤自己了。《中庸》第二〇章曰：“在下位，不获乎上，民不可得而治矣。”部属与长官诚信相待，有所劝谏，长官自然能欣然接纳，而推行政务、为民服务，自然也就顺利得多了。

十四、自古皆有死，民无信不立

子贡问政。子曰：“足食，足兵①，民信之②矣。”子贡曰：“必不得已而去，于斯三者何先？”曰：“去兵。”子贡曰：“必不得已而去，于斯二者何先？”曰：“去食。自古皆有死，民无信不立③。”

——《颜渊》第十二·七

章旨

孔子示子贡为政当以诚信为本。

注释

①**足兵**：充实军备。
②**民信之**：人民信任政府而无离叛之心。
③**立**：立身。

析论

孔子回答子贡问政时，特别强调诚信的重要。

孔子认为在承平时期，为政者首先要满足人民衣食住行等各项需求，使人民衣食丰足；衣食丰足之后，自可加以教育，使人民知礼节，明荣辱，有教养。

为政者接着该努力的就是“足兵”，也就是巩固国防力量，建军备战。国防固若金汤，军队训练精良，才足以保障国家的安全和人民的福祉。

对于“民信之矣”的含义，至少应有下列两点：第一，就人情而言，能够“足食”、“足兵”，为政者让人民感到可以依赖。第二，就民德而言，诚信本来就是人之所固有，为政者当以身作则，为民表率，使人民能笃守诚信。孔子强调“民无信不立”，也是这个原因。

如果对于“足食”、“足兵”、“民信”等为政要务无法兼筹并顾时，那应如何安排施政的先后顺序呢？孔子认为：第一，在必不得已的情况下，先去掉兵备，因为只要能维持相当的粮食，维持人民对政府的信心，国家还是很有希望的。第二，如果局势转劣，更不得已了，此时也只有去掉粮食。然而到此关头，还是有一个大原则必须把握住，那就是“诚信”！在任何情况下，“诚信”是绝对不能舍弃的。“自古皆有死，民无信不立！”一个政府，若不能“信誉昭著”，使人民信赖，那还有什么好说的呢？

十五、齐景公问政于孔子

齐景公①问政于孔子。孔子对曰：“君君，臣臣，父父，子子。”公曰：“善哉！信如君不君，臣不臣，父不父，子不子，虽有粟，吾得而食诸？”

——《颜渊》第十二·十一

章旨

孔子告诉齐景公治国之道，在于君臣父子皆须尽其分。

注释

①**齐景公**：名杵臼，齐国国君，谥号为景。

析论

春秋时期的社会变动，使当时的等级名分受到破坏，弑君父之事屡有发生，孔子认为这是国家动乱的主要原因，所以他告诉齐景公，“君君，臣臣，父父，子子”。恢复这样的等级秩序，国家就可以治理好了。

十六、名不正则言不顺

子路曰：“卫君[①]待子而为政，子将奚[②]先？”子曰：“必也正名[③]乎！”子路曰：“有是哉？子之迂[④]也。奚其正？”子曰：“野哉，由也！君子于其所不知，盖阙[⑤]如也。名不正，则言不顺，言不顺，则事不成；事不成，则礼乐不兴；礼乐不兴，则刑罚不中[⑥]；刑罚不中，则民无所措手足。故君子名之必可言也，言之必可行也。君子于其言，无所苟[⑦]而已矣！”

——《子路》第一三·三

章旨

孔子教子路为政之道，首重正名。

注释

①**卫君**：指出公辄，卫灵公之孙，蒯聩之子。
②**奚**：什么。
③**正名**：即正名分。
④**迂**：迂腐。
⑤**阙**：同“缺”，存疑的意思。
⑥**中**：得当。
⑦**苟**：苟且，马马虎虎。

析论

鲁哀公六年，孔子由楚国回到卫国。当时卫灵公已薨，其孙出公辄代立。他的父亲蒯聩因得罪灵公夫人南子，流亡国外，请求晋国派兵护送他回国；而出公辄借祖父遗命，拒绝父亲归国。父子为争君位，竟动起干戈，真可谓父不父、子不子。而出公辄正想任用孔子，孔子就此借题发挥，告诉子路正名的重要。孔子从“名不正则言不顺”、“言不顺则事不成”一一推论下来，名分不正造成的后果，将使人民生活不安。末了，孔子又补述：名必可言，言必可行，君子必须出言谨慎，这等于教训了子路。本章对师生二人精彩的问答、子路出言直率的性格和孔子正言斥责的语气，都作了相当生动的描述。

十七、君使臣以礼，臣事君以忠

定公①问："君使②臣，臣事君，如之何？"孔子对曰："君使臣以礼，臣事君以忠。"

——《八佾》第三·一九

章旨

孔子对鲁定公说明为人君当尽礼，为人臣当尽忠。

注释

①**定公**：春秋时鲁国国君，姓姬名宋，鲁昭公之弟。"定"是谥号。

②**使**：命令。

析论

"君使臣以礼，臣事君以忠"，这是孔子君臣之礼的主要内容。只要做到这一点，君臣之间就会和谐相处。从本章的语言环境来看，孔子还是侧重于对君的要求，强调君应依礼待臣，而不似后来那样：即使君主无礼，臣下也应尽忠，以至于发展到不问是非的愚忠。

十八、子路问事君

子路问事君。子曰："勿欺①也，而犯之②。"

——《宪问》第一四·二三

章旨

孔子指点子路事君之道。

注释

①**欺**：欺瞒，蒙蔽。

②**犯之**：指君有过，可犯颜谏诤。

析论

孔子认为事君之道，要能做到不阳奉阴违，不阿谀谄媚。对国君施政的错误，要敢于犯颜直谏。

人性的弱点，导致人总是喜欢听取甜言蜜语；对于规过劝善的言语，则多厌恶排拒。尤其是对在位的国君，若规劝过于频繁，小则被贬官降职，大则家破人亡。然而一个国家若无贤能、忠谏之士常在国君左右，那么奸佞之流必然大肆张狂，国家不仅永无宁日，也将步上衰亡之途。

不畏君王权威，也不惧斧钺加身，敢于犯颜直谏，正表现出一种刚正不阿的浩然正气和不屈的硬骨精神。历史上这类例子实在太多了，可说正是受"勿欺也，而犯之"思想的熏陶。

十九、不在其位，不谋其政

子曰："不在其位①，不谋其政②。"

——《泰伯》第八·一四

章旨

孔子主张为政不宜越位侵职。

注释

①**位**：官位。

②**政**：政务。

析论

“不在其位，不谋其政”涉及儒家所谓的“名分”问题。不在其位而谋其政，则有僭越之嫌，会被人认为是“违礼”之举。“不在其位，不谋其政”也就是要“安分守己”。这在春秋末年为维护社会稳定，抑制百姓“犯上作乱”起到过重要作用，但对后世则有一定的不良影响，尤其使得民众形成不关心政治、过于安分守礼的心态。

二十、能以礼让为国乎，何有

子曰：“能以礼让为国乎，何有[①]？不能以礼让为国，如礼何[②]？”

——《里仁》第四·一三

章旨

孔子说明国与国之间交往应以礼让为本。

注释

①**何有**：何难之有，有什么难处？

②**如礼何**：礼仪又有什么用？

析论

孔子把“礼”的原则推而广之，用于国与国之间的交往，这在古代是无可非议的。因为孔子时代的“国”乃“诸侯国”，均属中国境内的兄弟国家。然而，在近代以来，曾国藩等人仍主张对西方殖民主义国家采取“礼让为国”的原则，那就难免被指责为“卖国主义”了。

二十一、夫子温、良、恭、俭、让以得之

子禽[①]问于子贡曰：“夫子之至于是邦[②]也，必闻其政[③]。求之与？抑与之与[④]？”子贡曰：“夫子温、良、恭、俭、让[⑤]以得之。夫子之求之也，其诸异乎人之求之与[⑥]！”

——《学而》第一·一〇

章旨

孔子以温、良、恭、俭、让的风范得闻时君之政。

注释

①**子禽**：姓陈名亢，字子禽。孔子弟子，小孔子四十岁。

②**是邦**：这个诸侯国。是，此。

③**必闻其政**：一定会知闻这个邦国的政事。

④**求之与？抑与之与**？是请求而得知的呢？还是人家主动告诉他的呢？“与之”的“与”，是“告予”的意思。第一、第三个“与”字，通“欤”。

⑤**温、良、恭、俭、让**：就字面理解即为温顺、善良、恭敬、俭朴、谦让。这是孔子的弟子对他的赞誉。

⑥**其诸异乎人之求之与**：或许和别人请求知闻国政的方法不一样吧！其诸，大概，或许。

析论

孔子不但集周代文化的大成，而且怀着相当圆融的智慧。他是个了不起的政治家，具有温、良、恭、俭、让的涵养和气质。他每到一个诸侯国，一定会知闻这个邦国的政治。

二十二、尊五美，屏四恶，斯可以从政矣

子张问于孔子曰：“何如斯①可以从政矣？”子曰：“尊五美②，屏四恶③，斯可以从政矣。”子张曰：“何谓五美？”子曰：“君子惠而不费④，劳而不怨⑤，欲而不贪⑥，泰而不骄⑦，威而不猛⑧。”子张曰：“何谓惠而不费？”子曰：“因民之所利而利之，斯不亦惠而不费乎？择可劳而劳之，又谁怨？欲仁而得仁，又焉贪？君子无众寡，无小大，无敢慢，斯不亦泰而不骄乎？君子正其衣冠，尊其瞻视，俨然人望而畏之，斯不亦威而不猛乎？”子张曰：“何谓四恶？”子曰：“不教而杀谓之虐；不戒视成谓之暴，慢令致期谓之贼，犹之与人也，出纳之吝谓之有司。”

——《尧曰》第二〇·二

章旨

孔子指点子张从政之道在于遵行五美，摒除四恶。

注释

①**斯**：则，那么。

②**尊五美**：遵行五种美德。尊，通“遵”，遵行。

③**屏四恶**：除去四种恶政。

④**惠而不费**：给人民恩惠却不多花费。

⑤**劳而不怨**：让人民效劳却不埋怨。

⑥**欲而不贪**：虽有嗜欲却不贪求。

⑦**泰而不骄**：舒泰宽和却不骄矜。

⑧**威而不猛**：威严却不凶猛。

析论

这是子张向孔子请教为官从政的要领。这里，孔子讲了“五美四恶”，这是他政治主张的基本点，其中包含有丰富的“民本”思想，比如“因民之所利而利之”，“择可劳而劳之”，反对“不教而杀”、“不戒视成”的暴虐之政。由此可以看出，孔子对德治、礼治社会有自已独到的主张，在今天仍不失其重要的借鉴价值。

二十三、哀公问于有若

哀公问于有若曰："年饥，用不足，如之何？"有若对曰："盍彻乎[1]？"曰："二[2]，吾犹不足，如之何其彻也？"对曰："百姓足，君孰与不足？百姓不足，君孰与足？"

——《颜渊》第一二·九

章旨

有若告诉哀公，富国之道当先足民。

注释

①**盍彻乎**：为什么不实施十分取一的税法？

②**二**：十分取二。

析论

这一章反映了儒家学派的经济思想，其核心是"富民"思想。鲁国所征的田税是十分之二的税率，即使如此，国家的财政仍然是十分紧张的。有若的观点是削减田税的税率，改行"彻税"即什一税率，使百姓减轻经济负担。只要百姓富足了，国家就不可能贫穷。反之，如果对百姓征收过甚，这种短期行为必将使民不聊生，国家经济也将随之衰退。儒家的这种以"富民"为核心的经济思想有其值得借鉴的价值。

二十四、季氏富于周公

季氏[1]富于周公，而求也为之聚敛[2]而附益[3]之。子曰："非吾徒也，小子[4]鸣鼓而攻之可也。"

——《先进》第一一·一六

章旨

孔子责备冉求任季氏家臣而为之聚敛钱物。

注释

①**季氏**：鲁卿，季康子。

②**聚敛**：急于征敛赋税。

③**附益**：增添、助长。

④**小子**：门人。

析论

鲁国的三家曾于公元前562年将公室（即鲁国国君直辖的土地和附属于土地上的奴隶）瓜分，季氏分得三分之一，并用封建的剥削方式取代了奴隶制的剥削方式。公元前537年，三家第二次瓜分公室，季氏分得四分之二。由于季氏推行了新的政治和经济措施，所以很快富了起来。孔子的学生冉求帮助季氏积敛钱财，搜刮人民，所以孔子很生气，表示不承认冉求是自己的学生，而且让其他学生打着鼓去声讨冉求。

二十五、近者说，远者来

叶公[①]问政。子曰："近者说，远者来[②]。"

——《子路》第一三·一六

章旨

孔子回答叶公为政之道在于深得民心。

注释

①**叶公**：春秋时楚国人，姓沈，名诸梁，字子高，担任叶县令尹。

②**近者说，远者来**：近处的百姓受到恩泽而喜悦，远方的人民向慕而来归附。说，通"悦"，喜悦。

析论

为政之道，最重要的就是惠爱人民。爱民之道，在于使治安良好，经济繁荣，社会安定，环境优美，人民得以安居乐业。果真实现这样的理想，近处的人民自然心悦诚服，远方的人也会纷纷来这个国度观光、投资，甚至定居了。

专题活动二

探究园地

1. 为政者何以必须"道之以德，齐之以礼"？
2. 为什么从事政治工作时，不可求急功，好小利？
3. 请说明为政之道在于"先之"、"劳之"的道理。
4. 政治家应具备怎样的风范？
5. 民主社会中，人民与政府官员应如何相处？
6. 如何为政，才能使近者悦，远者来？

学习成果展示

古代儒家主张以德治国，现代社会更强调依法治国。当今中国是依法治国更重要还是以德治国更重要？就此辩题开展一次辩论赛。

拓展空间

1. 试述中国历代统治者有哪些政治思想和治国策略体现了对孔子德治、仁政思想的继承和发展。

2. 搜集新中国国家领导人的著作、论文、会议讲话、答记者问等相关资料，并对其资料进行分类整理，然后在班上分小组展开讨论：新中国国家领导人的著作、讲话中有哪些内容体现了对孔子德治、仁政思想的继承和发展。

学习资源

（一）孔子的求仕生涯

孔子是中国历史上“学而优则仕”的典型。他在学成之后“尝为委吏矣”、“尝为乘田矣”，进而受到鲁国权臣季氏的赏识，才进入“大夫”的行列，后来以“传道授业解惑”为职业，仍常有不可一日无君之感，也被形容为“三月无君，则皇皇如也”，而他自己也说“君命召，不俟驾而行”，这些都反映了孔子的求仕心切。但纵观孔子一生，却是为求仕奔走、怀才不遇的惨淡情景。

孔子曾以“危邦不入，乱邦不居，天下有道则见，无道则隐”来教育他的学生，并夸赞“君子哉蘧伯玉，邦有道，则仕；邦无道，则可卷而怀之”，对颜渊也说过：“用之则行，舍之则藏。唯我与尔有是夫！”这些都说明孔子对于入仕、退隐是极为慎重的，然而付诸实际行动，却又不然。“公山弗扰以费畔”，派人来请，孔子准备去。子路劝阻，孔子说：“夫召我者，而岂徒哉？如有用我者，吾其为东周乎！”又如“佛肸以中牟畔”，派人来请，他又准备去。子路又劝阻他并且评价佛肸为人：“昔者由也闻诸夫子曰：‘亲于其身为不善者，君子不入也。’佛肸以中牟畔，子之往也，如之何？”这次孔子则气愤地回道：“然，有是言也。不曰坚乎。磨而不磷；不曰白乎，涅而不缁。吾岂匏瓜也哉？岂能系而不食？”除此孔子还感叹：“凤鸟不至，河不出图，吾已矣夫！”甚至许诺“苟有用我者，期月而已可也，三年有成。”可见孔子求仕的心情是多么的急切。事实上，孔子也是“每至于是邦也，必闻其政”。

为了求仕，孔子曾经面临很多的危险和讽刺。由卫适陈，过匡，匡人错认孔子为阳货而囚禁了他；由曹适宋，与弟子习礼大树下，宋司马桓魋欲杀孔子，拔其树；而在陈绝粮，则是几乎连随行的人都一齐饿死。惹得子路愠见曰：“君子亦有穷乎？”至于孔子遭受的讥笑谩骂和冷嘲热讽，那就更多了。有骂他如“累累如丧家之狗”的，有说他“四体不勤五谷不分”的，也有人说他“知其不可为而为之”的。他派人问津，对方不但不以津告，反而讥笑他说：“滔滔者天下皆是也，而谁以易之？”可见孔子的仕途生涯是多么的不顺畅，在当时，与其同道之人甚少！

（二）孔子的政治思想

1. 大一统思想

孔子之所以热衷求仕，并不是为了个人的目的或个人的功名利禄，而是要找一个平台或者机会来施展自己的才能，改变天下无道的局面。这在孟子和万章的对话中也有所体现，万章曰：“然则孔子之仕也，非事道与？”孟子曰：“事道也。”所以孔子一听到“而谁以易之”这句话，便断然表示：“天下有道，丘不与易也！”正因为他处在“无道之世”，所以才非要起而“易之”不可。如何“易”？他说：“天下有道，则礼乐征伐自天子出，天下无道则礼乐征伐自诸侯出。”并且多次批评三家僭礼的行为。批评季氏“八佾舞于庭，是可忍，孰不可忍也”，主张把治天下的大权还之于周天子，这是中央集权的大一统思想。在子贡质疑管仲是否仁慈的时候，孔子以九合诸侯，一匡天下来称赞管仲，也正是这种思想的体现，以一统天下的主流思想来权衡管仲的贡献。

孔子还提倡“正名”，试图改变春秋时期名存实变、诸侯僭礼的状况。大约在鲁哀公七年至十年（前488—前485）之间，孔子曾带领学生去卫国。他的不少学生在卫国做了官，卫出公也有意重用孔子。子路便问孔子，如果他执政了首先要解决什么问题？孔子于是大谈“正名”。“名不正则言不顺，言不顺则事不成，事不成则礼乐不兴，礼乐不兴则刑罚不中，刑罚不中则民无所措手足。故君子名之可言也，言之必可行也。君子于其言，无所苟而已矣。”从这段话中可以看出孔子匡正天下的理想：名正→言顺→事成→礼乐兴→民可措手足。他认为，在社会秩序混乱的情况下“名不正言不顺”的问题就会存在，社会秩序安定了才会“名正言顺”。各自循礼而行，这个国家的政治就理想了。其实也就是维护父权、强化君权，进而实现国家的大一统。这一思想符合中国历史的发展需要，具有进步的意义，便于统治者建立统一的中央集权制国家，这也是儒家学说在西汉时期受到推崇的原因之一。

2. 为政以德

儒家思想的核心是仁，仁又强调“爱人”，所以在政治上孔子不像法家那样用严厉的刑罚来强迫人们服从统治者的统治，而主张用温和的办法，即所谓的“德治”来治理国家。

子曰：“道千乘之国，敬事而信，节用而爱人，使民以时。”“为政以德，譬如北辰，居其所而众星共之。”“道之以政，齐之以刑，民免而无耻，道之以德，齐之以礼，有耻且格。”“季康子问政于孔子曰：‘如杀无道以就有道何如？’孔子对曰：‘子为政，焉用杀？子欲善而民善矣，君子之德风，小人之德草，草上之风，必偃。’”这些都可以看出他非常注意用比较温和的方法来处理社会内部的矛盾。孔子主张施行德政、爱百姓、富之、教之、因民之所利而利之，在人民中产生一种向心力，无须强令百姓自然归附，犹如众星之拱向北辰一样，国家自然就好治理了，最终实现老者安之，少者怀之的理想社会。孔子主张为政以德，要求统治者自身身正克己。季康子问政于孔子，孔子对曰：“政者，正也。子帅以正，孰敢不正？”还说：“苟正其身矣，于从政乎何有？不能正其身，如正人何？”强调的都是为政者先端正自身，再去治政，反对世卿权贵贪得无厌。孔子痛斥苛政，当冉求“为之聚敛”以“附益”季氏时，他就号召门人“鸣鼓而攻之”。这都说明他重民爱民、千方百计欲使百姓得安宁的理想。

3. 举贤才

为政以德，实行德政的人就十分重要；选贤任能，唯才是举也就成为孔子为政的重要思想。仲弓问政，孔子说：“举贤才！”还说：“举直错诸枉，则使枉者直。”孔子的意思就是希望贤者在位，使不符合社会秩序的事或无道之事得以改正。

对于举贤才，孔子给出了贤才的标准，即德才兼备。孔子这一思想在他对弟子的教诲中多有反映。“子以四教，文、行、忠、信。”孔子除了对弟子进行文化、射艺方面的教授外，更是一向把德才作为施教的主要内容和学生的规范。颜渊曾感叹说：“夫子循循然善诱人，博我以文，约我以礼。”孔子就是要使学生知古通今，文礼通达，德才兼备。

同时他又主张不拘一格，广开才路，不论亲疏，选贤任能。在谈论仲弓时提出“犁牛之子骍且角，虽欲勿用，山川其舍诸”，并且提出了著名的主张“学而优则仕”，呼吁统治者要以贤德才干作为选拔官吏的准则，打破过去那种以血缘为基础的世卿世禄制常规，提倡从中下层中广泛选拔人才，为出身卑贱的“士”开辟得以选任的道路。这个主张在当时的历史条件下，其积极作用不可低估。

孔子的仕途生涯是坎坷的，一生的抱负未能实现，他的才华未能得到施展，但是他提出的治国为政的思想却极具价值。他的思想在当时都是积极先进的，即使到了今天也有非常深远的意义，我们应该汲取其中先进合理的部分将其继续发扬光大。

论礼乐

本单元选收七章，都是孔子阐发“礼”和“乐”的言论。约而言之，“礼”追求的是秩序，“乐”追求的是和谐，进而形成仁爱、敦厚、祥和的社会。所以“礼”和“乐”只是工具、形式，和谐、仁爱才是根本。因此，孔子再三强调礼要注重实质，不能只追求外在形式的铺张奢侈。另外，从“子之武城”一章中，也可以看出孔子教育方法的灵活及日常的幽默。

一、林放问礼之本

林放[①]问礼之本。子曰：“大哉问！礼，与其奢也，宁俭；丧，与其易[②]也，宁戚[③]。”

——《八佾》第三·四

章旨

孔子答林放问礼的本质，点出礼在于恭敬，不应只注重外在的排场。

注释

①林放：鲁国人。

②易：治理。这里指有关丧葬的礼节仪式办理得很周到。一说谦和、平易。

③戚：心中悲哀。

析论

本章记载了鲁人林放向孔子问礼的对话。林放问：“礼的根本究竟是什么？”孔子在这里似乎没有正面回答他的问题，但仔细琢磨，他还是明确解答了礼之根本的问题。礼节仪式只是表达礼的一种形式，但礼的根本不在形式，而在内心。礼不能只停留在表面仪式上，更重要的是要从内心和感情上体悟其根本，符合其要求。

二、奢则不孙，俭则固

子曰：“奢则不孙[①]，俭则固[②]。与其不孙也，宁固。”

——《述而》第七·三六

章旨

孔子指出与其奢侈而犯礼，不如俭约而固陋。

注释

①孙：通“逊”，恭顺。不孙，即为不顺，这里的意思是“越礼”。

②固：简陋、鄙陋。这里是寒酸的意思。

析论

一个人钱多势大，手头阔绰，他可以把礼数安排得很周到，让人觉得很温暖。但是，这种人生活奢侈，排场过人，久而久之，就比较会不甘于原有的身份地位，于是渐渐地超越尺度，一步一步地做出违礼犯义的事情来。相反，生活俭约的人，由于习惯俭约，往往礼数不周，但却比较安分，不会违礼犯义。孔子认为，一个人与其不顺礼仪，我们宁可希望他固陋。春秋时代，齐国的田常势力大了，最后谋篡了齐国的君位。鲁国的季氏势力大了，最后居然祭起泰山来了（那是鲁君的权利）。近代社会强调经济发展，但如果忽略了社会秩序，就会留下很多后遗症，这是我们应该要特别注意防范的。

三、恭而无礼则劳

子曰：“恭而无礼则劳①，慎而无礼则葸②，勇而无礼则乱，直而无礼则绞③。君子笃④于亲，则民兴于仁，故旧⑤不遗，则民不偷⑥。”

——《泰伯》第八·二

章旨

孔子举出无礼之病，并强调礼的功效。

注释

①**劳**：辛劳，劳苦。

②**葸**：音 xǐ，畏惧。

③**绞**：说话尖刻，出口伤人。

④**笃**：厚待、真诚。

⑤**故旧**：故交，老朋友。

⑥**偷**：浇薄。

析论

恭敬、谨慎、勇敢、直率，是四种美好的德行，但是，如果不以礼来节制，反而会变成惹人厌恶，甚至于伤害他人的行为！恭敬、谨慎、勇敢、直率，如果不合礼，就会导致烦扰徒劳、畏怯害怕、粗暴作乱、轻率急躁的反效果。

在位的人如果能发挥礼的精神，厚待自己的亲人，老百姓就会随之兴起仁爱之风；在位的人如果能够不忘记故交旧友，老百姓就会变得宽厚而不浇薄了，由此可见礼的重要性。

四、子与人歌而善

子与人歌而善，必使反①之，而后和②之。

——《述而》第七·三二

章旨

本章记孔子对歌唱的态度。

注释

①**反**：复也。

②和：唱和。

析论

音乐是一种和谐的艺术，所以中国古代的音乐，特别注重和谐。《礼记·乐记》云："礼以道其志，乐以和其声。"（礼可以宣导人民的心志，乐可以和谐人民的声音。）又云："礼节民心，乐和民声。"最能显示乐的功能是和，孔子对音乐的这一特性把握得非常好，因此他和人歌唱，听到别人唱得好，一定请他再唱一遍，然后跟着和。请唱得好的人再唱一遍，这是孔子与人为善的表现；孔子一起和着唱，在和谐的歌声中，人的情感就会紧紧地联系在一起，人与人就容易沟通、容易互信了。

五、割鸡焉用牛刀

子之武城①，闻弦歌②之声。夫子莞尔而笑，曰："割鸡焉用牛刀？"子游对曰："昔者偃也闻诸夫子曰：'君子学道则爱人，小人学道则易使也。'"子曰："二三子！偃之言是也。前言戏之耳。"

——《阳货》第一七·四

章旨

记子游能行圣门之道以教民。

注释

①**武城**：鲁国的一个小城，当时子游是武城宰。

②**弦歌**：弦，指琴瑟。以琴瑟伴奏歌唱。

析论

子游当武城宰，孔子去看望他时，处处听到弦歌之声，俨然一派礼乐教化之邑。孔子看了很是高兴，一时开玩笑说："杀鸡何必用牛刀？"子游很严肃地说："从前我听夫子说过：'君子学道就爱人，小人学道就容易听教令。'"孔子听子游讲得很好，于是赶紧声明自己刚才只是开玩笑。本章显示出孔子的政治理念，也显示出孔子的幽默及其教育方法的灵活。

六、礼云礼云，玉帛云乎哉

子曰："礼云礼云，玉帛①云乎哉？乐云乐云，钟鼓②云乎哉！"

——《阳货》第一七·一一

章旨

表明礼乐不能只重形式。

注释

①**玉帛**：行礼用的玉器及束帛。

②**钟鼓**：奏乐用的钟镈及鼓。

析论

“礼”的目的在于维护秩序，“乐”的目的在于追求和谐。因此“礼”和“乐”的根本目的是要我们塑造一个恭敬和顺的社会。达成这个目的的媒介物是玉帛、钟鼓，因此玉帛和钟鼓只是礼的形式。我们不能本末倒置，只把礼乐的重心放在玉帛的多少、钟鼓的大小等形式上，反而忽略了“礼”的本质和目的。今人办活动，把很多重要的礼仪活动办成嘉年华会，结果参加的人只求个人的快乐；“乐”也是一样，很多人只注重音响器材的昂贵，或把音乐当成个人发泄情绪、娱乐身心的工具，而忽略了音乐致中和的根本目的，这就是舍本逐末了。

七、人而不仁，如礼何

子曰：“人而①不仁，如②礼何？人而不仁，如乐何？”

——《八佾》第三·二

章旨

孔子强调礼乐的根本在仁。

注释

①**而**：通“如”，如果。

②**如**：相当于口语的“对于”。

析论

仁是礼乐的根本，礼乐是达到仁的外在手段、形式。儒家强调礼乐的作用在借着礼乐的浸润，使人渐渐近于仁。因此，一个人如果没有仁心，虽然行礼如仪、奏乐喤喤，但是都只是外表，仿佛一只狼披着羊皮，一只猴子穿着人的衣冠一样罢了。礼乐的目的在于塑造一个仁爱祥和的社会。“人而不仁”，只是以礼乐来充场面，那礼乐也不可能带给人任何实质的改变了。

专题活动二

探究园地

1. 恭、慎、勇、直，这些道德为什么要用礼来节制？

2. 请就“子之武城，闻弦歌之声”一章，体会礼乐教化之道的重要，并说明孔子的幽默。

学习成果展示

在学校及家庭生活中有哪些礼节跟礼乐有关，这些礼乐对你有哪些影响？就此主题，全班同学开展一次讨论，并将讨论内容办成一期黑板报。

子路曾皙冉有公西華侍坐一章
歲未長夏悠鴻敬寫第二次於青城

文学

孔子不仅是中国古代伟大的教育家、思想家和政治活动家，也是中国传统文学理论最重要的奠基人。孔子开创的儒家学说为他的文学理论奠定了坚实的思想基础，而他的文学理论也构成了儒家学说不可或缺的一个环节。

今就选辑之章句，分为“论为学”、“论学”和“论诗”三个子目，来解读孔子的文学理论当中蕴含的深刻内涵。孔子教育学生最重要的目标是使他成德成仁、成为君子，兼济天下。在“论为学”类，又具体阐述“学习科目”、“治学方法”、“学习态度”、“教学精神”等方面的内容，这是孔子教育学说中最重要的一环。“论学”类，主旨在鼓励人学习要持之以恒，不能中途而废，这样就不用担心没有成果。“论诗”类，指出读《诗经》的用途，要“达政”，要能“专对”。此亦反映了孔子一生致力于用他的儒学改良当时纷乱的政治，他的文学也是为政治服务的，即所谓的“经世致用”。

孔子诸如“不愤不启，不悱不发”、“三人行，必有我师焉”等文学理论，我们早已耳熟能详。但也正如孔子所说，“学而不思则罔，思而不学则殆”，学习了，还要去思考，学思并重，才不会“死读书”、“读死书”，才能够举一反三，引申发挥，将我们所学的东西真正运用到实践当中去。倘若能做到这一点，相信我们一定获益匪浅，能够在学业或技艺上突飞猛进。

论为学

一、学习科目

（一）弟子入则孝

子曰：“弟子入则孝，出则弟（音 tì），谨而信①，泛爱众②而亲仁③。行有余力，则以学文④。”

——《学而》第一·六

章旨

孔子教人要先以孝悌为本，行有余力则学习六艺。

注释

①**谨而信**：做事谨慎，说话信实。

②**泛爱众**：博爱众人。泛，广博，普遍。

③**而亲仁**：还要亲近有仁德的人。

④**文**：指《诗》、《书》六艺。

析论

孝悌是个人一切道德行为的基础，也是行仁的开始。“孝弟也者”，其在孝悌的基本德行之外，做事要谨慎，言语要信实，能广泛地关爱社会大众，并亲近有仁德的君子。这样躬行实践，如果还有多余的心力，再去学习《诗》、《书》等六艺之文。

本章显示孔门之学的一贯主张：以德行的实践为本，知识的求取为末。易言之，年轻人为人处世应入孝出悌，谨言守信，有爱心、近仁贤，行有余力时才去学文，这样读书才有意义；否则有才无德，反而造成更大的危害。

（二）子以四教

子以四教：文[①]、行[②]、忠、信。

——《述而》第七·二四

章旨

孔子教人要学文修行且心存忠信。

注释

①**文**：古之遗文，指《诗》、《书》、《礼》、《乐》等典籍。

②**行**：德行。

析论

本章记述孔子平常用四项功夫教导学生：“文”指《诗》、《书》、《礼》、《乐》等典籍，学“文”可以增广见闻，奠定学问的基础；“行”指个人行为的践履，要守礼行义，修养品德；“忠”指对人、对事尽其心力；“信”指说话真诚，不欺良心。这四项施教纲要，包含了知识的吸收、行为的实践与品行的修养。

刘宝楠《论语正义》说：“此四者皆教成人之法，与《学而》篇教弟子先行后学又不同。”可知夫子教人有先后深浅，知而后能行，下学而上达，并非认为读书重于敦品，此不可不辨。

（三）兴于《诗》

子曰：“兴于《诗》[①]，立于《礼》[②]，成于《乐》[③]。”

——《泰伯》第八·八

章旨

孔子教人立身成德之法。

注释

①**兴于《诗》**：诗是性情之作，易于感人，故能兴发好善去恶之心。兴，奋起，有“鼓舞”之意。

②**立于《礼》**：礼以恭敬逊（音 xùn）让为本，故学礼可以端正人的行为。立，立身。

③成于《乐》：乐可养人性情，荡涤邪秽（音 huì），故可陶养完美的人。成，完成，有“陶养”之意。

析论

孔子所谓学的内容，主要指的是《诗》、《书》、《礼》、《乐》等六艺之教，其学主要在进德修业，所以《诗》与《礼》、《乐》都可借以涵养自己的德行。

孔子极肯定诗人情思的纯正无邪，认为诗对个人心志的发展、情性的涵养乃至人伦的体察、自然知识的增进都有很大的助益，所以他说：“兴于《诗》。”诗可陶冶性情，兴起向善的心念，感发人的志气。礼，虽然是个人行为的规范，也是社会风俗的制约，甚至是治理国家的凭借，所以孔子也非常重视礼，他说：“立于《礼》。”又说：“不学礼，无以立。”礼可教人卓然立身于社会。音乐能改变人的气质，提高人文素养，保持和谐的心境，成就完美的人格，所以他说：“成于《乐》。”

《诗》、《礼》、《乐》三者若能好好加以学习，对学习知识、增长才干及协调社会各方面都很有帮助和启发。尤其是在今日经济建设早已超越文化建设的时代，涵养文学，沉潜艺术，重视伦理道德，建立“富而好礼”的社会，更为重要。孔子之教，对我们仍有很大的启发，值得学习和发扬。

二、治学方法

（一）学而不思则罔

子曰：“学而不思则罔①，思而不学则殆②。”

——《为政》第二·一五

章旨

孔子主张学习要与思考并重。

注释

①罔：迷惑，糊涂。

②殆：音 dài，疑惑，危险。

析论

孔子认为，在学习的过程中，学和思不能偏废。他指出了“学而不思”的局限，也道出了“思而不学”的弊端，主张学与思相结合。只有将学与思相结合，才可以使自己成为有道德、有学识的人。这种思想在今天的教育活动中仍有其值得肯定的价值。

（二）吾尝终日不食

子曰：“吾尝终日不食，终夜不寝①，以思，无益。不如学也。”

——《卫灵公》第一五·三一

章旨

孔子告诫人勿徒思而不学。

注释

①**寝**：睡觉。

析论

这一章讲的是学与思的关系问题。在前面的一些章节中，孔子已经提到“学而不思则罔，思而不学则殆”的认识，这里又进一步加以发挥和深入阐述。思是理性活动，其作用有两方面，一是发觉言行不符合或者违背了道德要求，就要改正过来；另一方面是检查自己的言行是否符合道德标准，符合的就要坚持下去。但学和思不可以偏废，只学不思不可取，只思不学也是十分危险的。总之，思与学相结合才能使自己成为有德行、有学问的人。这是孔子教育思想的组成部分。

（三）君子博学于文

子曰：“君子博学于文，约之以礼，亦可以弗畔[①]矣夫[②]！”

——《雍也》第六·二五

章旨

孔子认为君子能够博文约礼，故不违背正道。

注释

①**弗畔**：不违背。“畔”通“叛”。

②**夫**：句末语气助词，相当口语的“吧”，有推测的意思。

析论

当人背弃正道的时候，内心往往会感到惶恐不安，那是因为人所遗弃的不是外在的物件，而是内在不可取代的良心。而如何让生命在正道中发展，并且保住散发人性尊严的良心，是十分重要的课题。“博学于文”、“约之以礼”是孔子给出的答案。

“博学于文”，是要广博地学习先贤留传下来的六艺之文、典章制度，即人要在浩瀚的学海中，汲取一切可贵的文化经验。不过，孔子所期许的学问，是要学习一种足以发出力量，使得自我、家庭、社会以及全天下都能更加完善的知识，否则“博学”只会将生命塑造成“两脚书橱”而已。因此，孔子又提出了“约之以礼”。君子应使一切的言行举止符合规范，进而躬行实践，达到依循正道、存养良心的目的。如此才能将博学之文充分发挥，用之于家庭，用之于社会，甚至用之于全天下，而达到立己立人、达己达人的境界。

三、学习态度

（一）学而时习之

子曰：“学而时[①]习[②]之，不亦说[③]乎？有朋[④]自远方来，不亦乐乎？人不知[⑤]而不愠[⑥]，不亦君子乎？”

——《学而》第一·一

章旨

孔子说明为学、交友及当君子的乐趣。

注释

①**时**：时常。

②**习**：反复钻研练习。

③**说**：音 yuè，通“悦”，愉悦。

④**朋**：志同道合的人。

⑤**人不知**：别人不知道我的才德。

⑥**愠**：怨忿。忿，音 fèn。

析论

现代人不论学生或社会大众，许多人往往对学习感到枯燥，如果不是为了某种目的，如考试或升学等，总不会主动去学习，更别说能乐在其中了。但孔子却说不断地学，时时温习，是一件快乐的事情。同样是学习，为什么存在这么大的差异呢？原来孔子所从事的学习，不像我们今日仅偏重学习知识而已，更不是因为某种功利目标而勉强为之；而是学习如何成人养德，将所学习到的道理在日常生活中实践，借以培养德行，增长智慧，使生命获得安顿。这是学习如何使自己成为理想的人（“成人”），这种学习不能一日或忘，而使人不断成长，自然散发喜乐和成就感，所以孔子说：“不亦说乎？”

酒肉朋友自远方来，聚在一块饮酒作乐，不也是一件愉快的事吗？常常有许多人把孔子这句话用来印证这种聚会情形。事实上，这种说法完全误解了孔子的原意。孔子所说的“朋”是“友直、友谅、友多闻”的朋友，是“以友辅仁”的朋友。益友自远方来，聚在一起，乃相互切磋学问，彼此砥砺德行，以求道德精进。享受因朋友相互激励而使生命成长的快乐，这才是孔子“有朋自远方来，不亦乐乎”的原意。

既然“学而时习之”和“有朋自远方来”都是为了培养、砥砺自己的学问、德行，使生活充满意义，使生命境界得以提升，这既不为名声，也不为功利，那么，即使人们不知道我的德行学问成就，又何必生气呢？能做到如此，已不失为有德的君子了。

（二）我非生而知之者

子曰：“我非生而知之者，好古[①]，敏[②]以求之者也。”

——《述而》第七·二〇

章旨

孔子自谦非生而知之，但能好古敏求。

注释

①**好古**：喜好古圣贤之道。

②**敏**：勤勉。

析论

“生而知之”，就是资质优越、天生即明白事理的天才。可是，在现实的人生中，天才寥寥可数，其出现完全是偶然的。人若是处处依赖天才的话，无疑是注定要失败的。因此，天才可以被歌颂，但不必过分期盼。少了优越的天分，人也不必自馁（音 něi）自弃，因为还可以“学而知之”（《季氏》第九）。

“学而知之”，是秉（音 bǐng）持一股主动学习的精神，向着开放的世界，猎取宝贵而不竭的知识。在许许多多的知识门类中，孔子对古圣贤之道特别感兴趣。圣贤之道，并非如博物馆中的矿物，只具形象，却无生命；而是一种可以启发人生，加深自我内涵的智慧。学者勤勉地学习圣贤之道，并且与自身的处境相观照，必可从中汲取丰富的生命经验。因此，“好古敏求”正足以弥补人非“生而知之”的遗憾。

（三）默而识之

子曰：“默而识（音 zhì）之，学而不厌①，诲人不倦，何有于我哉②？”

——《述而》第七·二

章旨

孔子自许可以做到默识之、学不厌、诲不倦。

注释

①**厌**：满足。

②**何有于我哉**：对于我，何难之有？

析论

不论是学习人生的道理，还是学习各种知识，记住所学习的内容，是重要的基本功夫。唯有记住和理解了，才能进一步实践、活用、扩展所学，使所学习的内容成为自己的。如果对于所学漫不经心，那是记不住的，其结果是不能运用所学，不能从学习中拓展自己，这与不曾学没什么两样。孔子说自己“默而识之”、“多而见识之”（《述而》第二八），可见他在学习上的专注与踏实。

“学而不厌”是勤学态度，“诲人不倦”是教育精神，其中最为可贵的是“不厌”与“不倦”表现出持之以恒的积极态度和乐在其中的坚持。大凡一般人对于学习或教学，起先总能保有丰沛的热忱，但随着时间的延长、困难的增多和挫折的加重，许多人便画地自限，半途而废，而不能持之以恒。

因此，孔子说：“何有于我哉？”一方面表示这些事情不难办到，一方面也暗指出一般人的怠惰常情。不能“默识”而道听途说、漫不经心是惰于思，不能“学不厌”是惰于学，不能“诲不倦”是惰于教。孔子是从正面来描述自己，期许自己，同时也鼓励我们。

（四）十室之邑

子曰：“十室之邑①，必有忠信如丘者焉，不如丘之好学也。”

——《公冶长》第五·二八

章旨

孔子称自己好学。

注释

①**十室之邑**：有十户人家的小地方。邑，人聚居之处，犹“里”。

析论

孔子是一个十分坦率直爽的人，他认为自己的忠信并不是最突出的，因为在只有十户人家的小村子里，就有像他那样讲求忠信的人。但他坦言自己非常好学，表明他承认自己的德性和才能都是学来的，并不是“生而知之”的。这就从另一个角度展现了孔子的基本精神。

（五）由也，女闻六言六蔽矣乎？

子曰：“由也，女闻六言六蔽①矣乎？”对曰：“未也。”“居②！吾语女。好仁不好学，其蔽也愚；好知③不好学，其蔽也荡④；好信不好学，其蔽也贼⑤；好直不好学，其蔽也绞⑥；好勇不好学，其蔽也乱；好刚不好学，其蔽也狂⑦。”

——《阳货》第一七·八

章旨

孔子向子路阐明不好学的流弊。

注释

①**六言六蔽**：六言指“仁、知、信、直、勇、刚”等六种德行，六蔽指“愚、荡、贼、绞、乱、狂”等六项壅（音 yōng）蔽。

②**居**：坐下。

③**知**：通“智”。

④**荡**：放荡，好高骛远而没有根基。

⑤**贼**：贼害。

⑥**绞**：说话尖刻。

⑦**狂**：轻率。

析论

本章主要在说明“学”的重要，通过“学”可以避免追求德行时所产生的蒙蔽。首先，我们要问，为什么“学”可以避免这些蒙蔽呢？原来孔子所说的“学”是“博学于文”，是学思并用，是好古，敏以求之，所以可以从当中找到殷鉴，找到评断是非的标准，找到合于规矩的礼节，找到颠扑不破的道理，这样在追求德行时，才不致不知变通、固执墨守，也就不致为蒙蔽所牵引了。

只喜好仁却不好学，容易流于徒讲仁义之名，不知仁义的真谛，则易于被人以仁义之名欺罔，还自以为是，所受的蒙蔽就是愚昧；只喜好智却不好学，遇事则竭尽智虑，只要有可行之策则刻不容缓为之，毫不考虑是否合乎道义，所受的蒙蔽就是放荡；只喜好信却不好学，则狼狈为奸，集体作恶，往往亦有信在其中，若不加明辨，只为守信而为之，所受的蒙蔽就是贼害；只喜好直却不好学，容易流于凡事以正直之名，急切地苛责他人，所受的蒙蔽就是急躁和攻讦（音 jié）；只喜好勇却不好学，容易流于冲动行事，不考虑任何结果，所受的蒙蔽就是造成祸乱；只喜好刚却不好学，一味要奋发，一味要有担当，结果所受的蒙蔽就是轻狂。

（六）君子食无求饱

子曰：“君子食无求饱，居无求安，敏于事而慎于言，就有道①而正②焉，可谓好学也已。”

——《学而》第一·一四

章旨

孔子以不追求安饱而敏于求道的人为好学。

注释

①**就有道**：亲近有道德的人。

②**正**：匡正。

析论

本章重点提到对于君子的道德要求。孔子认为，一个有道德的人，不应当过多地讲究自己的饮食与居处，他应当在工作方面勤劳敏捷，谨慎小心，而且能经常检讨自己，请有道德的人对自己的言行加以匡正。作为君子应该克制追求物质享受的欲望，把注意力放在塑造自己的道德品质方面，这是值得借鉴的。

（七）日知其所亡

子夏曰："日知其所亡①，月无忘其所能，可谓好学也已矣！"

——《子张》第一九·五

章旨

子夏认为好学者日新而不失。

注释

①**亡**：音 wú，无。

析论

对知识保有旺盛的求知欲，才能在任何环境下自发地坚持学习。旺盛的求知欲源自于以求知为乐。能以求知为乐，除了有兴趣之外，尚须全心一致、心无旁骛地投入其中，用力既久，渐渐就显现出一点成果来；好的成果带来自信与成就感，转而增加学习的动力，支持学习的坚持，乐趣与求知欲便沛然而生。而子夏所说"日知其所亡，月无忘其所能"，正是这种旺盛求知欲的体现。除了每天要不断吸收新知、认识自己的不足，以求在学问和道德上有所精进外，更重要的是"学而勿忘，得而不失"。旧学新知，日日累进，才能不断向圣与仁的境界挺进，所以子夏才说："可谓好学也已矣！"

子夏所说的主要是指道德修养，日日修为，则道德必有长进；而不是天天捧书猛读，追求知识上的满足而已；更不是那种探听小道消息和染习小技玩好的杂学。

四、教学精神

（一）有教无类

子曰："有教无类①。"

——《卫灵公》第一五·三八

章旨

孔子主张施教应该不论对象。

注释

①**无类**：指不分贫富、贵贱、贤愚，皆一视同仁。

析论

孔子的教育对象、教学内容和培养目标都有自己的独特性。他兴办教育，反映了当时文化下移的现实，“学在官府”的局面得以改变。除了出身贵族的子弟可以受教育外，其他各阶级、阶层都有了受教育的可能性和某种机会。他广招门徒，不分种族、氏族，任何人都可以到他的门下接受教育。所以，我们说，孔子是中国古代伟大的教育家，开创了中国古代私学的先例，奠定了中国传统教育的基本思想。

（二）自行束脩以上

子曰：“自行束脩①以上，吾未尝无诲焉②！”

——《述而》第七·七

章旨

孔子自述对有心向学者无不加以教诲。

注释

①**束脩**：一束干肉，此指弟子拜师的见面礼。脩，音 xiū，指干肉；十脡（音 tǐng，肉切成条者）为一束。

②**未尝无诲焉**：没有不教诲他的。未尝，不曾。焉，代词，指“自行束脩以上”的人。

析论

孔子说：“凡是带着薄礼、诚心拜师求学的人，我是没有不教的。”这一段话，有以下三个重点：

一、束脩：指一束干肉脯（音 fǔ），是拜师的微薄见面礼。古人要“执贽（音 zhì）”作为见面礼，“贽”字从贝，贝是古代的货币，因此，“贽”不一定是束脩，束脩只是微薄的礼物，可见孔子并不是以礼物的贵贱多寡作为收徒的条件，不能把“束脩”视为学费。

二、自行：指自动。自动送束脩，表示他诚心想读书上进，孔子就教导他。尤其是家境困穷的子弟，仍想办法奉上束脩，更可见其向学的诚心。

三、未尝无诲：只要诚心向学的，孔子就教他，这正是“有教无类”的表现。

（三）生而知之者

孔子曰：“生而知之者①，上也；学而知之者，次也；困②而学之，又其次也。困而不学，民③斯为下矣！”

——《季氏》第一六·九

章旨

孔子言天赋资质不同，勉人力学为贵。

注释

①**生而知之者**：天生就有学识的人，指特别聪明的上智者。

②**困**：有所不通。

③**民**：人。

析论

孔子虽说有“生而知之者”，但他不承认自己是这种人，也没有见到这种人。他说自己是经过学习之后才知道事理的。他希望人们勤奋好学，不要等遇到困难再去学习。俗话说：“书到用时方恨少。”讲的就是这个道理。至于遇到困难还不去学习，那就不足为训了。

（四）中人以上，可以语上也

子曰：“中人[1]以上，可以语上[2]也；中人以下，不可以语上也。”

——《雍也》第六 · 一九

章旨

孔子明示，教导人应随其资质高下而告语之。

注释

①**中人**：资质中等的人。

②**语上**：告诉他比较高深的道理。语，音 yù，告诉。

析论

孔子向来认为，人的智力从出生就有聪明和愚笨的差别，即上智、下愚与中人。正因为人有这么大的差距，孔子才在教学过程中提出“因材施教”的原则。这是他教育思想的一个重要内容，即根据学生智力水平的高低来选择教学内容和教学方式，这对我国教育学的形成和发展作出了积极的贡献。

（五）不愤不启；不悱不发

子曰：“不愤[1]不启[2]；不悱[3]不发[4]；举一隅[5]，不以三隅反[6]；则不复[7]也。”

——《述而》第七 · 八

章旨

孔子自述诲人之法，即要因势利导，注重启发。

注释

①**愤**：愤懑，心求通而未得。

②**启**：开导，指开导他使其能通达。

③**悱**：音 fěi，口欲言而未能。

④**发**：引发，指引发其言辞使其能表达。

⑤**隅**：音 yú，角。

⑥**反**：回应。

⑦**复**：再，指再告诉他。

析论

人们思考一个问题，或研究一门学问，如果想不出答案，或研究不出它的道理时，就是“心求通而未得”。这时心里难免着急，不禁“愤愤然”，这就是“愤”。孔子教人，非常了解学生心理，即当学生想学习而不能得到答案，心中愤懑着急的时候，适时地给予开导启示，这才是最好的教育方法。在《论语》中，记载很多师生问答的例子，学生问问题，正是他“心求通而未得”的时候，老师所给予的回答，正是“启”。如果不是这种教育方法，形成“不愤而启，不悱而发”，那岂不是灌输式、填鸭式的教育？这种教育的效果当然会差很多。“不悱不发”的道理和“不愤不启”的道理相同，只是“不愤不启”指心，“不悱不发”指口。当学生们有话想说而不知如何表达的时候，孔子适时地给予引导，这是“发”，这种随机的教学自然效果倍彰。

至于“举一隅，而不以三隅反”，是指学生学习时不去思考，以致不能触类旁通。譬如方形之物有四角，举其一角，当可联想到其他三角；如果不能想到，就表示他没有学习此类题材的能力，孔子就不再教他这类题材。孟子曾说：“欲其自得之。”（《离娄》下）这“自得之”就是举一反三的教育。《礼记·学记》也说：“语之而不知，虽舍之可也。”正是“不复”的意义。

从这一章孔子的叙述中，可以知道孔子教人注重启发。

（六）颜渊喟然叹曰

颜渊喟然[①]叹曰：“仰之弥高[②]，钻之弥坚[③]，瞻之在前，忽焉在后[④]！夫子循循然[⑤]善诱人：博我以文[⑥]，约我以礼[⑦]，欲罢不能。既竭吾才，如有所立，卓尔[⑧]，虽欲从之，末由也已[⑨]！”

——《子罕》第九·一〇

章旨

颜渊赞叹孔子学问博大，道德精深。

注释

①**喟然**：赞叹。喟，音 kuì。

②**仰之弥高**：越仰望越觉高不可及。本句在赞叹夫子之道崇高伟大。之，代词，指孔子之道。弥，音 mí，愈，更加。

③**钻之弥坚**：越钻研越觉坚实难入。本句在赞叹夫子之道广博深厚。坚，坚实。

④**瞻之在前，忽焉在后**：看起来在前面，忽然间又好像在后面。本句在赞叹夫子之道精微莫测。瞻，视。忽焉，忽然。

⑤**循循然**：有次序的样子。

⑥**博我以文**：用文章典籍来增广我的学问。博我，使我见识广博。文，指文章典籍。

⑦**约我以礼**：用礼仪法度来约束我的心志行为。

⑧**卓尔**：特立的样子。

⑨**末由也已**：无法跟上啊！末，通“莫”。由，从。也，助词，表感叹语气。

析论

我们从颜渊对孔子的赞叹这一章中，了解到孔子的教育方法和感悟到孔子的伟大。

"仰之弥高"盛赞孔子之道的崇高。在山下看高山，愈仰愈高，看不到顶。这句话指在颜回心目中，孔子的道德就像摩天大楼一样看不到顶。

"钻之弥坚"盛赞孔子之道的博大坚实。研究学问的人都知道，越钻研则道理越出，越钻研则道理越深。孔子的学问，颜渊要效法学习，却永远学不完，越钻研则越坚固不可钻。

"瞻之在前，忽焉在后"盛赞孔子之道精微莫测，无所不在。圣人之道，看起来平凡，其实不平凡；看起来平淡，其实不平淡；孔子拥有的就是圣人之道，因此颜渊瞻仰孔子，就觉得他的道无所不在，忽前忽后、忽左忽右了。

"夫子循循然善诱人"的一段话，盛赞孔子教育方法的高妙。孔子教育方法的高妙，也反映出孔子道德学问的博大精深。孔子教颜渊，不只教他知识，还教他礼节。现代知识普及，但是社会秩序反而比以前乱，原因多半是出在有些知识分子不知约束自己，不能循规蹈矩。换句话说，这些人能"博以文"，而不能"约以礼"。从这儿就可以知道孔子教育内容的周延了。

颜渊说，他已经竭尽其才力去学习效法，但是孔子的道范，好像高高地立在那儿，想跟也跟不上。有一次鲁国大夫叔孙武叔说子贡贤于孔子，子贡就举例说，子贡的墙只有肩膀高，从墙外就可以看见墙内的美好；而孔子的墙却有好几丈高，如果找不到大门走进去，就看不到里面的宗庙之美，百官之富。(《子张》篇第二四)子贡的赞美，就像颜渊说"虽欲从之，末由也已"一样，都是弟子们的心声。

(七) 由，诲女知之乎!

子曰："由，诲女知之乎!①知之为知之，不知为不知，是知②也。"

——《为政》第二·一七

章旨

孔子教导子路什么是真知。

注释

①**诲女知之乎**：教导你求真知的道理吧！女，音 rǔ，通"汝"，代词，意为"你"。

②**知**：通"智"，智慧。

析论

"实事求是"是一种良好的习惯。子路只比孔子小九岁，孔子在二十四岁时开始收徒教学，那时子路已入门。子路是一位个性率直的男儿，比较好勇斗狠，爱出风头，或口气狂大，孔子就以这段言辞教诲他。孔子说："对于知道的事，才说知道，不知道的事，就说不知道，这样才是真正的智慧啊!"《论语》记载："子路有闻，未之能行，唯恐有（通'又'）闻。"(《公冶长》篇第一四)后来子路在孔门中成为十哲之一，名列政事科，想来孔子这段话对他一生的行事有很大帮助。

(八) 三人行，必有我师焉

子曰："三人行，必有我师焉①。择其善者②而从之，其不善者而改之。"

——《述而》第七·二一

章旨

孔子说明“学无常师”的道理。

注释

①**三人行，必有我师焉**：几个人走在一起，其中必有可做我老师的人。朱熹《论语集注》云：“三人同行，其一我也。彼二人者，一善一恶，则我从其善而改其恶焉。是二人者皆我师也。”

②**善者**：长处。

析论

“三人行，必有我师焉”这句话，受到后代知识分子的极力赞赏。孔子虚心向别人学习的精神十分可贵，但更可贵的是，他不仅要以善者为师，还以不善者为师，这包含了深刻的哲理。他的这段话，对于我们如何处事待人、修身养性及增长知识，都提供了有益的指导。

专题活动一

探究园地

1. 我们每天都要和老师打交道，老师不仅教给我们知识，而且以自己的言传身教影响着我们。孔子这位被誉为“万世师表”的老师身上，又有哪些精神值得我们学习？

2. 什么是“有教无类”？你觉得在现实中，老师怎样做才是“有教无类”？

3. 孔子非常重视日常生活中的实践，请你就“弟子入则孝，出则弟，谨而信，泛爱众而亲仁”章，谈谈自己做到了哪些？哪些还没有做到？

表达交流

1. 你所期待的老师是什么样的？以“我心目中的老师”为题写一篇作文。

2. 孔子认为应该亲近有仁德的人，即“亲仁”。这是孔子的交友之道，你的交友之道是什么？在班级里面，如果你想交一些朋友的话，想要结交怎样的同学？为什么？

阅读资源

从《论语》看孔子的交友之道

王 浩

孔子（前551—前479），名丘，字仲尼，春秋时鲁国陬邑（音 zōu yì，今山东曲阜）人，儒家学派的创始人，中国伟大的思想家和教育家。《论语》是一部记录孔子及其弟子言行的书，是研究孔子及其思想最可靠的资料。《论语》一书，内容涉及孔子的社会政治主张、哲学观念、教育教学、伦理思想、道德修养及处世之道等各方面。

《论语》中对朋友的论述多次出现，有时称“朋”，有时称“友”，有时“朋友”连用。其中“朋”出现9次，“友”出现27次，“朋友”出现8次。《论语》中还有一些论述，虽然没提到“朋友”，但也阐述了与人交往的问题。通过《论语》中的相关论述，我们可以了解孔子对待交友的态度、交友的原则及与朋友相处的艺术等内容。

一、对待交友的态度

这里所说的是孔子对待“交友”这一问题本身的态度。我们可以肯定，孔子很重视交友，且主张广交朋友。《论语》一书，开篇就有“有朋自远方来，不亦乐乎”的记载。他还强调“独学而无友，则孤陋而寡闻”（《礼记·学记》），并且认为“乐多贤友，益矣”（《论语·季氏》）。孔子充分认识到和品德高尚的“人”交友很有益处，自有其内在的原因。

一是实现其政治理想的需要。孔子生活在一个所谓王纲解纽、礼崩乐坏的新旧社会交替的时代，原来以礼乐为核心的社会政治和文化制度遭到严重破坏。孔子生逢此时，自觉承担起寻找重建社会秩序途径的历史使命。孔子希望恢复周礼，建立“君君、臣臣、父父、子子”的理想社会秩序；讲伦理，希望各种社会关系都符合一定的社会规范。马克思说：“人的本质并不是单个人所固有的抽象物。在其现实性上，他是一切社会关系的总和。”作为社会性动物的人，要按照仁爱忠恕义的道德标准，处理好君臣、父子、兄弟、夫妻、统治者与被统治者等各种社会关系。而作为社会关系的一种，朋友关系也很自然地被纳入其中，为孔子所看重。

二是修身的需要。在个人追求方面，儒家讲求“修身、齐家、治国、平天下”，其中修身是前提。修身有多种途径，朋友间的交流切磋是其中很重要的一种。《论语·卫灵公》中记载：“子贡问仁。子曰：‘工欲善其事，必先利其器。居是邦也，事其大夫之贤者，友其士之仁者。’”

“仁”是孔子思想体系的核心内容，他渴望“天下归仁”（《论语·颜渊》），要求自己的学生“泛爱众而亲仁”（《论语·学而》）。孔子所提倡的“仁”，有两个重要内涵：一个是“爱人”，另一个是修己。《礼记·中庸》云：“仁者，人也。”就是说人应当通过修己而成为有道德修养的人。这里，当子贡问如何才能培养仁德时，孔子的回答是多和贤者、仁者交往。为了说明和贤者交往对培养自己仁德的重要性，孔子还形象地打了个比方：就好比“工欲善其事，必先利其器”一样，君子必须和贤者、仁者交往，才能更好地培养自己的仁德。可见，在孔子看来，和贤者的相互切磋砥砺（音 dǐ lì）、交往学习，对提高自身素质是很重要的。这一点在孔子的学生曾子那里也可以得到佐证。曾子有“以文会友，以友辅仁”（《论语·颜渊》）的说法，强调交友是为了培养自己的仁德。

二、交友的原则

孔子重视交友，但与人交往并非来者不拒，而是有原则的。从《论语》的相关论述中，我们可以总结出孔子的交友原则。

一是择优而交。“毋友不如己者。”这应该是孔子教育弟子时常说的一句话，因为此句在《论语·学而》和《论语·子罕》中均有记载。与那些在品德和学识方面超过自己的人交往，学习他们的优点，努力提高自身素质，是孔子一直提倡的。所谓“见贤思齐焉，见不贤而内自省也”（《论语·里仁》），“择其善者而从之，其不善者而改之”（《论语·述而》）。《论语·子路》记载：“子曰：‘不得中行而与之，必也狂狷（音 juàn）乎！狂者进取，狷者有所不为也。'”这句话也反映出孔子“择优而交”的交友原则。孔子首选的交友对象是“中行”者（即言行合乎中庸之道的人），如果遇不到，就选择“狂者”（狂放激进的人）、“狷者”（洁身自好的人），因为这两类人身上分别有勇于进取和不肯同流合污的优点可供学习。

二是结交益友。《论语·季氏》记载：“孔子曰：‘益者三友，损者三友：友直，友谅，友多闻，益矣；友便辟，友善柔，友便佞（音 nìng），损矣。'”在此，孔子把朋友分成了“益友”和“损友”两大类，并分别对其作了举例说明，劝我们近益友远损友。结交益友都有哪些“益”处呢？朱熹认为：“友直，则闻其过；友谅，则进于诚；友多闻，则进于明。”

三是结交同道。孔子主张结交有共同理想追求的人，认为道相同，则为朋友，道不同，则不相为谋。《论语·卫灵公》记载：“子曰：‘道不同不相为谋。'”

“道”的外延在这里是很广的，既可以指人生观、世界观、人生志向，也可以指思想观念、学术主张，有时还可以理解成人生的境界等。君子与君子之间有时也可能会意见不同，而最终能成为朋友，是因为他们的“道”相同。而和那些在人生观、世界观方面有根本分歧的人，是永远不可能成为朋友的。这句话在人际交往方面对后人的影响很大。东汉管宁割席断交的故事一直为世人称道，就反映出后人对“道不同不相为谋”观念的认同。管宁割席的故事见于《世说新语》的“德行”篇中。管宁与华歆（音 xīn）本是同窗好友。一天，二人同在菜园锄地，发现地里有块金子，管宁视其如瓦片，挥锄不止，而华歆则拾起金子看了看，又放在一旁。又一次，两人同席读书，有达官显贵乘车路过，管宁不受干扰，读书如故，而华歆却出门观看，羡慕不已。管宁认定华歆不是志同道合的朋友，便与之割席分坐，不以华歆为友。

实际上，《论语》中的“朋”、“友”就有“志同道合者”的意思。在阮元《论语校勘记》中，郑氏康成注此云：“同门曰朋，同志曰友。”

三、与朋友相处的艺术

人与人的相处是一门艺术。孔子很注意与朋友交往的方式方法，并对晏子的“善与人交”（《论语·公冶长》）很是赞赏。在《论语》一书中，孔子多次就人与人交往的问题发表看法。即便今天来看，孔子的很多观点，对于我们交友还是很有指导意义的。

一是朋友之间要讲求诚信。孔子认为，诚信乃做人之本，曾说：“人而无信，不知其可也。大车輗，小车无车轨，其何以行之哉？”（《论语·为政》）在孔子看来，一个人缺少了诚信，就好比一辆车缺少了关键部件，在社会上就将寸步难行。《论语·公冶长》记载：“子路曰：‘愿闻子之志。’子曰：‘老者安之，朋友信之，少者怀之。'”可见“朋友信之”是孔子毕生的追求。受老师的影响，孔子的弟子曾子和子夏等也很注重诚信待人。据《论语·学而》记载，曾子曰：“吾日三省吾身：为人谋而不忠乎？与朋友交而不信乎？传不习乎？”子夏亦曰：“贤贤易色；事父母，能竭其力；事君能致其身；与朋友交，言而有信。虽曰未学，吾必谓之学矣。”从这两句可以看出，曾子把“对朋友是否守信”当做每天必须自我反省的重要内容之一；子夏很推崇对朋友言而有信的做法。

二是朋友之间要互相宽容。孔子认为，人与人交往不能以自我为中心，要有平等和宽容的态度。他主张宽厚待人，提倡“恕”道。他很赞赏伯夷、叔齐不念旧恶的行为，曾说：“伯夷、叔齐不念旧恶，怨是用希。”（《论语·公冶长》）《论语·学而》记载：“子曰：‘不患人之不己知，患不知人也。’”朋友相处，遇事不能老去责备别人，应重责己而轻责人，能以宽容之心待人。

关于与人结交的问题，孔子的学生子张也曾说过：“君子尊贤而容众，嘉善而矜不能。”（《论语·子张》）子张认为，君子应该既尊贤，又能容众；既赞扬良善之人，又能体恤弱势群体。这一主张，就体现出宽容品格与包容意识。

三是朋友之间要保持适当的距离，说话做事要有分寸。因为每个人都是相互独立而平等的个体，有着自己的人生观、世界观和价值观，所以朋友之间应处于“和而不同”（《论语·子路》）的状态，如果太过亲密，反而容易出现问题。朋友间的友谊要想长久，就必须在交往中保持适当的距离，不能不注意分寸，无原则地亲近。当子贡问应怎样与朋友相处时，孔子告诉他，要“忠告而善道之，不可则止，勿自辱焉”（《论语·颜渊》）。这就是说，朋友有过错，要尽责规劝，但对朋友的劝告和引导要点到为止，不可强勉。孔子的学生子游也说：“事君数，斯辱矣；朋友数，斯疏矣。”（《论语·里仁》）也是告诉我们，与朋友相处，要保持适当的距离，说话做事要有分寸。这实际上也是孔子的中庸思想在处理人际关系方面的一个具体体现。

四、孔子交友思想带给我们的启示

孔子的交友思想和主张，是中国人伦关系思想的重要内容，至今仍对我们有积极的指导作用。在经济社会快速发展的今天，学习和践行孔子的交友思想，首先，要认识到广交朋友的重要性，结交一个真正的益友，会让我们的生活增添一片夺目的光彩；其次，把握交友的原则，多和身边那些具有诚实、正直、爱心、进取精神的人交往、交流，以求自身素质的全面提高；最后，掌握和朋友相处的艺术，善于和朋友相处，让自己的人际关系更加和谐。

综上，我们可以看出，孔子是十分重视交友的，因为交友有助于理想的实现和自身素质的提高；他选择朋友时很有原则性，并且与朋友相处很讲究艺术性。孔子的交友之道是其“仁爱”和“中庸”思想在处理人际关系方面的具体体现，在大力提倡构建和谐社会的今天，有很重要的指导意义。

论　学

（一）知之者不如好之者

子曰：“知之①者不如好之者，好之者不如乐之②者。”

——《雍也》第六·一八

章旨

孔子论学道用心的深浅。

注释

①之：指道。

②乐之：以它（知识）为乐。

析论

孔子在这里没有具体指懂得什么，看来是泛指，包括学问、技艺等。有句话说：“兴趣是最好的导师。”大概说的就是这个意思。

(二) 子在川上曰

子在川上[1]曰：“逝者如斯夫[2]！不舍[3]昼夜。”

——《子罕》第九·一六

章旨

孔子在河岸边叹息时光流逝不停，勉励人自强不息。

注释

①**川上**：江河岸边。古人把在河水边都称作“上”。

②**夫**：句末语气词。

③**舍**：舍弃。

析论

时光流逝，永不停止；就像一条河水，不舍昼夜地流逝。人生于天地之间，不过百年光阴，而生命之流也同样不舍昼夜地流逝，令人想到就会害怕——生怕我们一不努力，生命就流逝了，却未能在学问道德上有什么收获。

西哲说：“临流濯（音 zhuó）足，抽足复入，已非前水。”这和孔子以川水比喻时光的说法完全相同。早期革命人士黄兴曾说：“墨磨越短，人磨越老；尺璧勿竞，寸阴是宝。”这些先圣先贤是这么地珍惜时光，我们当然也不能蹉跎（音 cuō tuó）生命啊！

(三) 譬如为山

子曰：“譬如为山，未成一篑[1]，止，吾止也！譬如平[2]也，虽覆一篑，进，吾往也！”

——《子罕》第九·一八

章旨

孔子勉人为学要自强不息，不可中途而废。

注释

①**未成一篑**：差一笼的土而不能成为一座山。篑，音 kuì，土笼。

②**平**：填平，作动词用。

析论

愚公移山、精卫填海，看起来很笨，但是，愚公和精卫都有持之以恒的心，所以他们终究成功。这就是“进，吾往也”。

唐玄宗即位之初励精图治，创造了非常良好的政绩，史称“开元之治”；但是到后期，他开始懈怠了，宠爱杨贵妃，政事被杨国忠、安禄山、高力士等人左右，终于在天宝十四年爆发了安禄山之乱，大唐国势从此走下坡，而唐玄宗早年的勤政美名也因此化为乌有。这就是“止，吾止也”。

《战国策·秦策》云：“行百里者半于九十。”明明已经走到九十里了，但是很多人却在这个时候放弃，那是多么可惜啊！一件事，只要能坚持到底，就能成功；如果半途而废，就是失败。因此本章旨在勉人为学行事一定要持之以恒，自强不息。

专题活动二

表达交流

孔子说“譬如为山，未成一篑，止，吾止也”，以此勉励人们为学要持之以恒。持之以恒的典范“愚公移山”的故事家喻户晓，“当代愚公”也不时见诸报端。你认为“愚公精神”在当代还有意义吗？请就此话题，分正反两组展开辩论。

探究园地

1. 孔子说：“逝者如斯夫！不舍昼夜。”鲁迅说：“时间就像海绵里的水，只要愿挤，总会有的。”请谈谈你对这两句话的理解。

2. 时光短暂，“一寸光阴一寸金”，请搜集至少十个表示时光短暂的词语和至少十个关于珍惜时间的名句。

拓展空间

人的生命是有限的，但许多如“感动中国十大人物”里的平凡人却在短暂的生命里做出了许多不平凡的事情，由此短暂的生命而变得更有意义。请搜集近年来《感动中国》的人物颁奖词，并深情诵读，交流体会。

论 诗

（一）诵《诗》三百

子曰：“诵《诗》三百①，授之以政，不达②；使于四方③，不能专对④，虽多，亦奚以为⑤？”

——《子路》第一三·五

章旨

孔子指出诵《诗》的目的在经世致用。

注释

①**《诗》三百**：指《诗经》。《诗经》共有三百零五篇，举其成数，所以说《诗》三百。

②**不达**：不能通达政事。

③**使于四方**：出使各国。

④**专对**：由自己决定如何应对。

⑤**奚以为**：有何作用？奚，音 xī。

析论

《诗》，也是孔子教授学生的主要内容之一。他教学生诵《诗》，不单纯是为了诵《诗》，而是为了把《诗》的思想运用到指导政治的实践之中。儒家不主张死记硬背，当书呆子，而是提倡学以致用，应用到社会实践中去。

（二）小子！何莫学夫《诗》？

子曰："小子！何莫学夫《诗》？《诗》，可以兴①，可以观②，可以群③，可以怨④，迩⑤之事父，远之事君，多识于鸟兽草木之名。"

——《阳货》第一七·九

章旨

孔子指点弟子学《诗》的功用。

注释

①兴：激发感情的意思。一说是诗的比兴。

②观：观察了解天地万物与人间万象。

③群：合群。

④怨：讽谏（音 jiàn）上级，怨而不怒。

⑤迩：音 ěr，近。

析论

《诗经》是百代文学之祖，表现手法比较多样。借着它的音乐性和文学性，很容易就牵动读者的情感，使人奋发，这就是"兴"；由于《诗经》中有来自各地的诗歌，因此可以反映出各地的民情风俗、施政得失，这就是"观"；《诗经》中有很多人伦的描写，使人体会到合群的重要，这就是"群"；《诗经》中有很多反映民间疾苦、基层心声的诗，读了这些诗，可以让人心中的悲怨得到宣泄，这就是"怨"。从《诗经》所叙述的亲子关系中，我们可以学会如何奉养父母；由《诗经》所叙述的君臣关系，我们可以学会怎样效忠君主。《诗经》中又有许多草木鸟兽的名称，可以让我们学习。

由孔子所叙述《诗经》的功能，我们可以知道儒家是以什么尺度来看《诗经》的。这样认识《诗经》，可见《诗经》的功能确实既深邃（音 suì）又博大。

（三）陈亢问于伯鱼曰

陈亢问于伯鱼①曰："子亦有异闻②乎？"对曰："未也。尝独立，鲤趋③而过庭，曰：'学《诗》乎？'对曰：'未也。''不学《诗》，无以言。'鲤退而学《诗》。他日，又独立，鲤趋而过庭，曰：'学《礼》乎？'对曰：'未也。''不学《礼》，无以立！'鲤退而学《礼》。闻斯二者。"陈亢退而喜曰："问一得三：闻《诗》、闻《礼》、又闻君子之远其子也。"

——《季氏》第一六·一三

章旨

孔子勉励人学《诗》、《礼》，即使对其子亦无所偏私。

注释

①**伯鱼**：孔子之子，名鲤，字伯鱼。

②**异闻**：不一样的教诲听闻。

③**趋**：小跑步。依照古礼，臣子到国君跟前或从旁边经过，子女到父母跟前或从旁经过，都要小跑，表示恭敬。

析论

在孔门《六经》之中，《乐经》姑且不论，和日常生活关系最密切的是《诗》和《礼》。人生在世，离不开言和行，《诗》教人如何言，《礼》教人如何行。《诗》中有很多优美的修辞，温厚的情感，让人听了心灵感动，所以学《诗》可以使人言语委婉动人，性情温柔敦厚，这就达到言的要求了。“礼仪三百，威仪三千”（《中庸》），都是教人进退应对，揖（音 yī）让周旋的，所以学《礼》可以使人进退适当，应对合宜，这就达到行的要求了。

孔子说：“不学《诗》，无以言。”并不是说不学《诗》就不能讲话，而是讲得不漂亮、不得体。孔子说：“不学礼，无以立。”也不是说不学《礼》就无法立身，而是立得不适切、不得体。学习《诗》和《礼》，可以让人与人之间的交往多一些缓冲，多一些祥和。现代社会受到商业文化的污染，致使有些人言语粗暴，行事蛮横，容易产生利害冲突，造成社会不安。

陈亢问伯鱼，从伯鱼的回答之中知道君子对自己的子女并没有特别的私心。这种“君子远其子”的不偏私行为，正展现出圣人对人一视同仁的伟大胸襟。孔子之所以被尊为“万世师表”，为后代教师者的典范，这也是其中一个原因。

专题活动三

探究园地

1. 孔子非常重视读《诗》，西汉时《诗》被奉为儒家经典，那么读《诗》到底有什么作用呢？请结合孔子的相关论述，联系生活实际，谈谈读《诗》的作用。

2. 我们对《诗经》中的“关关雎鸠，在河之洲，窈窕淑女，君子好逑”句已耳熟能详，但“好”字到底读第三声还是读第四声呢？请作探究。

拓展空间

1. 开展《诗经》经典篇目诵读比赛。

2. 发挥想象，群策群力，把“陈亢问于伯鱼”章改编成舞台剧。

善行

“性善说”是孟子学说理论的核心，可分为“人性本善”、“存养善性”及“存理克欲”三大子目。孟子认为人的善性是与生俱来的，即人生下来就有恻隐之心、羞恶之心、辞让之心和是非之心这四种善端。仁、义、礼、智就是由这四种善端发展起来的。然而，孟子承认环境可以改变人的思想，因而人不能纯然为善，甚或变而为恶，因此，孟子主张人必须存养本心，扩充善端，这样才能挽救人心的陷溺，形成王道的政治。同时，孟子认为，涵养善性的一大方法为存理克欲，因为“养心莫善于寡欲”，若能养心，自然彰显义理；存理克欲，就能将仁义扩而充之，使人各得其所。

人性本善

一、人皆有不忍人之心

孟子曰：“人皆有不忍人之心①。先王②有不忍人之心，斯有不忍人之政矣。以不忍人之心，行不忍人之政，治天下可运之掌上③。

所以谓人皆有不忍人之心者：今人乍见孺子④将入于井，皆有怵惕恻隐⑤之心；非所以内交⑥于孺子之父母也，非所以要誉⑦于乡党⑧朋友也，非恶其声而然⑨也。

由是观之，无恻隐之心，非人也；无羞恶之心，非人也；无辞让之心，非人也；无是非之心，非人也。恻隐之心，仁之端⑩也；羞恶之心，义之端也；辞让之心，礼之端也；是非之心，智之端也。人之有是四端也，犹其有四体也⑪；有是四端而自谓不能者，自贼者也；谓其君不能者，贼其君者也。

凡有四端于我者，知皆扩而充之矣，若火之始然⑫，泉之始达⑬。苟能充之，足以保四海⑭；苟不充之，不足以事父母。”

——《公孙丑》上·六

章旨

孟子劝勉人扩充四端，即足以保四海而王天下。

注释

①**不忍人之心**：怜恤别人的心情。不忍，对别人的不幸感到难过和同情。

②**先王**：上古的圣明君王。如唐尧、虞舜、夏禹、商汤、周文王、周武王等。

③**运之掌上**：运转小物件于手掌上。比喻很容易。

④**孺子**：儿童、小孩。

⑤**怵惕恻隐**：惊惧、伤痛。怵，音 chù。朱熹《孟子集注》：“恻，伤之切也；隐，痛之深也。”

⑥**内交**：与人结交。内，音 nà，今作“纳”。

⑦**要誉**：追求好名声。要，音 yāo，追求。

⑧**乡党**：乡里、同乡的人。周制以五百家为党，以一万二千五百家为乡。

⑨**非恶其声而然**：不是因厌恶名声不好才如此。声，声誉、名声。

⑩**端**：端绪。这里指人性中所具有的仁、义、礼、智四种道德观念的端绪。

⑪**人之有是四端也，犹其有四体也**：仁、义、礼、智四端和人体四肢一样，都是与生俱来的，是固有的。四体，四肢。

⑫**然**：古“燃”字。

⑬**达**：流出、涌出。

⑭**保四海**：指保有天下。四海，犹言天下。

析论

本章是孟子阐述“性善”基本理论的一章。他认为人性皆具有善端，因此，人生一切善行，国家一切善政，都是此四善端扩而充之的结果。若善端尽失，则无礼无义；无礼无义，其与禽兽何异？人性的完成，道德的完备，在于后天不断的存养扩充。所以善端虽小，如能推扩充实之，以仁善之心行仁善之政，那么看到人民遭冻馁、罹灾患，必然怜恤之、拯救之、保爱之，这就是不忍人之政。世间一切有益于人类的伟大功业，其起源常不外乎由于心中的一点善端，只要能扩而充之，则世人并受其福。星星之火，可以燎原；涓涓之水，可以成河。这里孟子以泉、火为喻，极写扩充之后，不但足以事父母，更可以保有四海。

至于善端的扩充，可以从两个层面来说：就个人来说，能扩充善端，从事个人的修养，就可以成为富贵不能淫、贫贱不能移、威武不能屈的大丈夫，这是独善其身的表现。就国家来说，从事于人群的服务，就可以推行王政，功至于百姓，而保有天下，所谓“老吾老，以及人之老；幼吾幼，以及人之幼。天下可运于掌”，这是兼善天下的事业。

其实，我们在政治上固然要以“不忍人之心”行“不忍人之政”，在日常生活中也必须发扬恻隐的仁心，随时替人着想。众人总爱评论现今社会的各种乱象，如果深一层探究，是不是由于大部分人都没有扩充其不忍人之心，才会造成这种现象呢？

二、人之所不学而能者

孟子曰：“人之所不学而能者，其良能[①]也；所不虑而知者，其良知也。孩提[②]之童，无不知爱其亲者；及其长也，无不知敬其兄也。亲亲，仁也；敬长，义也。无他，达之天下也。”

——《尽心》上・一五

章旨

孟子指出爱亲敬长乃人之良知良能，勉励人们要加以扩充，以达于天下。

注释

①**良能**：与生俱来的能力。下句“良知”解法同此。

②**孩提**：指两三岁的儿童。

析论

四端是孟子性善说的基础，是人与非人的区别所在，与四端相应的即仁、义、礼、智四德。然则四端从何而来？依孟子所言，四端有如人的四肢，是生来就有的，不是后天加上去的。本章所说的不需经过后天学习、思虑的天赋本能（良知良能），亦即孟子性善说里的四端。这只是善的萌芽，还不是善的完成，因为善的完成有待后天的扩充。

儒家肯定人与人之间必有某种适当关系，再由此界定伦理上的道德规范。人与人之间的关系，最直接的是家庭中的亲子关系与手足关系，这两种关系正是“孝”与“悌”的基础。孟子此章特别说明孝悌是每一个人的良知良能，是不经学习就能拥有，不经思虑就能知的。小孩子的生活经验极为单纯，完全依赖父母的照顾和兄长的呵护成长，所以等到年龄稍长，自然对父母孝爱，对兄长尊敬。

行孝守悌，可说是十分自然的事，并不需用尽脑力去学习，有子曾说：“孝弟也者，其为仁之本与！”人如蒙蔽本心，不孝不悌，必然无法立身处世。反之，如果人人都能扩充良知良能，那么家庭自然和谐圆满，社会也自然和谐安定。

三、口之于味也

孟子曰：“口之于味也，目之于色也，耳之于声也，鼻之于臭①也，四肢之于安佚②也，性也，有命焉，君子不谓性也。仁之于父子也，义之于君臣也，礼之于宾主也，智之于贤者也，圣人之于天道也，命也，有性焉，君子不谓命也。”

——《尽心》下·二四

章旨

孟子借性与命之辨，勉励人们不可以耳、目、口、鼻等嗜欲为满足，当努力追求仁、义、礼、智的圆满实践。

注释

①**臭**：音 xiù，本义为气味，这里指芳香之气。

②**佚**：逸也，安逸、不劳动。

析论

口之甘美味，目之好美色，耳之乐音声，鼻之喜芳香，四肢之思安逸，是性。但这性，并非孟子所说“性善”之性，而是“生理欲望”之性。孟子虽然承认生理官能的种种欲求是人性，但他并不以为这是真正的性。因为人如果无节制地追求物欲的满足，便会让自己受物欲所役而偏离常轨。再说物欲的满足，是求之在外，未必是求则得之，亦非人生价值所在，所以有德的君子，不会以生理之性为性。

告子曰：“食、色，性也。”可见当时有人认为食、色、声、安逸等，都是人的本性，是人人都可以求得的。孟子生怕这种观念一旦蔓延开来，会误导大家都去追求这生理官能的享受，而忽略善性的存养与扩充，所以对此特别加以分辨，以树立正确的观念。食、色之性是属于生理欲望的性，而仁、义、礼、智之性是属于淳然至善的本性，二者必须加以区隔。虽然这两种性都是与生俱来的，但二者最大的区别，在于一种是可求而不必可得，另一种是可求而必可得的。可求而不必可得的，这里面还有命有定分的因素，是自己无法全面掌控的。就像食、色之类，不是自己想要就可以得到的，如果要强求，必定会误入作奸犯科之歧途，所以孟子不认为这是性。至于仁之于父子，义之于君臣，礼之于宾主，智之于贤者，圣人之于天道，这些关系固然也有命的成分在，但是自己可以掌握，因为仁、义、礼、智都是人所固有的，而并非从外附加的，都是可求而必可得的，所以孟子认为这才是真正的性，也才是大家应全力追求的。

四、性无善、无不善也

公都子①曰："告子②曰：'性无善、无不善也。'或曰：'性可以为善，可以为不善。是故文、武兴，则民好善；幽、厉③兴，则民好暴。'或曰：'有性善，有性不善。是故以尧为君，而有象④；以瞽瞍⑤为父，而有舜；以纣为兄之子，且以为君，而有微子启、王子比干⑥。'今曰'性善'，然则彼皆非与?"

孟子曰："乃若其情⑦，则可以为善矣，乃所谓善也。若夫为不善，非才⑧之罪也。恻隐之心，人皆有之；羞恶之心，人皆有之；恭敬之心，人皆有之；是非之心，人皆有之。恻隐之心，仁也；羞恶之心，义也；恭敬之心，礼也；是非之心，智也。仁、义、礼、智，非由外铄我也⑨，我固有之也，弗思耳矣⑩。故曰：求则得之，舍则失之。或相倍蓰而无算者⑪，不能尽其才者也。《诗》⑫曰：'天生蒸民⑬，有物有则⑭；民之秉夷⑮，好是懿德⑯。'孔子曰：'为此诗者，其知道乎！'故有物必有则，民之秉夷也，故好是懿德。"

——《告子》上·六

章旨

孟子为公都子解惑，认为善性是人所固有，仁、义、礼、智，自根于心，求则得之，舍则失之。

注释

①**公都子**：孟子弟子。复姓公都，名不详。

②**告子**：姓告，名不害，兼治儒、墨，尝学于孟子。

③**幽、厉**：指周幽王、厉王。二人皆为昏庸暴虐无道之君。幽、厉皆古之恶谥。

④**象**：舜异母弟。性傲，尝与父亲瞽瞍谋杀舜，未遂。到舜成为天子时，把有痹（音bì）封给了他，在今湖南道县北。

⑤**瞽瞍**：音 gǔ sǒu，舜之父。瞽、瞍都是失明、看不见的意思，其实舜的父亲并没有失明，而是因爱后妻所生的孩子象，而多次想杀了善良的舜，这种做法跟双目失明并无二致。

⑥**微子启、王子比干**：二人都是帝乙的弟弟，皆纣之叔父。

⑦**乃若其情**：如果顺着人性本善之情。乃，如果。若，顺也。

⑧**才**：同"材"，材质，是说人天生的品质。

⑨**非由外铄我也**：非由外在强加给我。铄，音 shuò，以火销金。

⑩**耳矣**：相当于"而已矣"。

⑪**或相倍蓰而无算**：有的人相差一倍、五倍乃至于无数倍。或，代词，相当口语"有的人"。倍，一倍；蓰，音 xǐ，五倍。无算，犹言不可计数。

⑫**《诗》**：指《诗经·大雅·烝民》。

⑬**蒸民**：众民。蒸，《诗经》中作“烝”，众也。

⑭**有物有则**：凡有名物，必有法则。如父子有慈孝之心，兄弟有手足之爱。

⑮**民之秉夷**：民所秉持的常性。夷，《诗经》作“彝”，常也。

⑯**好是懿德**：人没有不爱好善美之德的。懿，善、美。

析论

本章旨在证明善性为人所固有。与孟子同时讨论“性的善恶”问题的，除了告子的“性无善、无不善”之外，据公都子所说，还有“性可以为善，可以为不善”与“有性善，有性不善”两说。前者举“文、武兴，则民好善；幽、厉兴，则民好暴”为证；后者举“以尧为君，而有象；以瞽瞍为父，而有舜；以纣为兄之子，且以为君，而有微子启、王子比干”为证。孟子则主张“性”本来是善的，是人人都具有的。只要存养它，就能为善；如果放弃它，就成为不善。存养与放弃，都是后天的作为，与先天的禀赋是无关的。

他认为恻隐之心、羞恶之心、恭敬之心和是非之心此“四端”是性善的本源，而“四端”所系的仁、义、礼、智，就是人在生活中具体的行为表现。有此四端，人便成其为人。有恻隐之心，便能仁爱怜恤；有羞恶之心，便知礼、义、廉、耻；有恭敬之心，便会谦让有礼；有是非之心，便晓得去取正误。如果失去这四端之心，则与禽兽无异，孟子直斥为“非人”也。

善性虽人所固有，但人受环境的影响，在种种情况下，可能一时迷失、犯过，甚至为恶。而人世间也存在许多人为的不善，如据孟子“人性本善”之说来看，这是因为善性一时被蒙蔽而做出的行为。假如人能努力存养、扩充此善性，便能成圣成贤；反之，则为盗为奸，这不是本性有所不同，而是不能时刻警醒以尽其性的缘故，所以我们实在没有理由自认无此善性而不能为善。

专题活动一

探究园地

1. 什么是“不忍人之心”？处于当今社会，我们要如何扩充“不忍人之心”？请举日常生活中的例子加以说明。

2. 请说明“四端”和仁、义、礼、智的关系。

3. 孟子认为善性是人所固有的，既然如此，为什么社会上还有为非作歹、作奸犯科的人呢？

学习活动

人的本性到底是怎样的，古今中外大有论述。同为伟大的儒家思想的继承者，孟子和荀子的看法却截然不同。孟子认为人性本善，他说“人之性善犹水之就下也，水无有不下，人无有不善”。而荀子是“性恶论”者，他认为“人之性恶，善者伪也，好色好利好味好声”。有意思的是，西方基督教也持“性恶论”一说。其原罪说，就是对人性本恶的形象描述。原罪，即人人生而有罪，是对人性本恶的另一种阐释。那么，作为中国年轻的一代，你们是怎样看待人性的呢？请在班里组织一次辩论大赛，开展一次“人性本善 PK 人性本恶”的辩论活动。

阅读资料

我们身边那些“最美的人”

身受重伤不忘保护乘客安全的杭州司机吴斌、三入火海排险救人的北京卫戍区战士高铁成、车轮下勇救学生的张丽莉老师……平凡人的动人事迹在社会上引起强烈反响，这些普通人就是我们身边“最美的人”。

吴斌：大巴司机吴斌以每小时90公里的速度行驶在高速公路上。一块数斤重的铁片从天而降，在击碎挡风玻璃后直接刺入吴斌的腹部，导致其整个肝脏破裂、多根肋骨折断。虽剧痛难忍，吴斌却仍完成了靠边停车、拉手刹、打开双闪灯等保障安全的动作，最后还挣扎着站起来对乘客说：“别乱跑，注意安全。”24名乘客无一受伤，年仅48岁的吴斌却在2012年6月1日因伤势过重而去世。发生在2012年5月29日中午高速公路上的这一幕感动了数百万网民，吴斌被赞为“最美司机”。

高铁成：1988年生，黑龙江海伦市人，北京卫戍区某团纠察连班长。2012年5月18日18时30分，高铁成在哈尔滨火车站附近的一家面馆吃饭，准备乘坐当晚9点的火车返回部队。当面馆突然发生煤气泄漏，当顾客纷纷往外跑时，高铁成不顾个人安危，三次冲向火海，排险救人，造成头、面、颈、双上肢和右脚二度烧伤，烧伤面积达6%。为此高铁成被赞为“最美武警”。

张丽莉：黑龙江省佳木斯市第十九中学的语文教师。2012年5月8日20时38分，在佳木斯市胜利路北侧第四中学门前，一辆客车在等待师生上车时，因驾驶员误碰操纵杆致使车辆失控撞向学生，危急之下，教师张丽莉将学生推向一旁，自己却被碾到车下，造成双腿截肢，骨盆粉碎性骨折，另有4名学生受伤。为此，张丽莉被赞为“最美教师”。

阅读完这些资料后请思考：我们身边这些“最美的人”身上的最美之处体现在哪里？

存养善性

一、自暴者，不可与有言也

孟曰：“自暴①者，不可与有言也；自弃②者，不可与有为也。言非③礼义，谓之自暴也；吾身不能居仁由义④，谓之自弃也。仁，人之安宅⑤也；义，人之正路⑥也。旷⑦安宅而弗居，舍正路而不由，哀哉！”

——《离娄》上·一〇

章旨

孟子哀痛暴弃仁义者的自甘堕落。

注释

①**暴**：意同“害”，糟蹋的意思。

②**弃**：抛弃。

③**非**：诋毁。朱熹《孟子集注》：“非，犹毁也。”

④**居仁由义**：存仁行义。居，居心、存心。由，行。

⑤**安宅**：可安居的住宅。

⑥**正路**：正大的道路。

⑦**旷**：空。

析论

孟子曾论说过，人心因不用、不思而迷失，人生便也因心之迷失而沉沦。但什么叫做不用或不思呢？就是不顺着他自己的本性去行事和做决定。什么是本性呢？那就是仁义。

仁是指一个人内在的真实德性，这种德性是与生俱来的“有天理自然之安，无人欲陷溺之危”。人总要经常保有它，顺着它，心才会安稳踏实，这就叫做“安宅”。义也是一个人内在真实的德性，是待人处事的准则，“乃天理之当行，无人欲之邪曲”。人必须遵此而行，才能在这世上与人和谐相处，共成一体，这就叫做“正路”。这“安宅”与“正路”是人心原本所具有的，只要顺着去做，就能使自己的人生成为真正有意义的存在，但是有很多人却漠视自己内心的真实感情且弃之不顾，白放着人生美好的大道而弃之不行，结果徒然使自己陷溺于冲突矛盾、痛苦迷惑之境，这不是很悲哀吗？这些就是“自暴自弃”的人。对自暴自弃的人，跟他说什么话都是没有意义的，因为他不信仁义，所以也就“言非礼义”；跟他一起从事事业也不能成功，因为他不能“居仁由义”，处处都会和社会环境相冲突。像这样不能居于“安宅”、行于“正路”的人，真是可哀。其所以如此，乃自放其良心、不能存养善性的缘故。

人生在世，父母是我们的保护者，老师是我们的指导者。听从父母或老师的指引，就是属于“居仁由义”的事，但是有些处于叛逆期的青少年，往往无视于仁义，到头来成为问题青少年，这不是很悲哀的事吗？读了此章，真要好好反省啊！

二、仁，人心也

孟子曰：“仁，人心也①；义，人路也②；舍其路而弗由，放③其心而不知求④，哀哉！人有鸡犬放，则知求之；有放心，而不知求。学问之道无他，求其放心而已矣。”

——《告子》上·一一

章旨

孟子言为学之本，在求其放失的本心。

注释

①**仁，人心也**：仁，是人人固有的爱人之心。

②**义，人路也**：义，是人人应走的大路。

③**放**：亡失、丢失。

④**求**：寻找、找回。

析论

孔门有三千弟子，其中被孔子赞许最为好学的是颜回。颜回的成就属于德行科，可见孔子的最终教学目标不是知识的长进，而是道德的培养。孔子的道德总概念是“仁”，孟子则开展为“仁、义、礼、智”这四项。四项之中，孟子尤重仁与义，认为仁义之心是人的良心本性，一切道德的培养要依乎仁义来发展。孟子说仁是人心，是人之安宅；义是人路，是人之正路。做学问如果不依仁、义，所学的只是外在的知识。试看有些知识分子学问渊博，但是枉法坏纪，作奸犯科，这种人有学问又有何用？孟子说：“学问之道无他，求其放心而已矣。”真是一语中的。学问之道最重要的是把放失的仁义之心找回，并掌握住这颗心，无论进德修业，或是待人处事，都不至于有所缺失。

“求放心”，就是求其本心，也就是仁义之心。能守住仁义之心，不让它放失，这是存养的学问；胡思乱想会放失仁义之心，因而必须时时警惕谨慎，这是慎独的学问；心已放失而把它找回，这是善于反省的学问。心归于仁义，是仁之事；而使心归于仁义，即“求放心”，是义之事。仁与义二者相辅相成，所以朱熹说：“仁者，心之德……不可须臾失矣。”“义者，行事之宜……不可须臾舍矣”正是这个道理。

三、钧是人也

公都子问曰：“钧①是人也，或为大人，或为小人，何也？”

孟子曰：“从其大体②为大人，从其小体③为小人。”

曰：“钧是人也，或从其大体，或从其小体，何也？”

曰：“耳目之官不思，而蔽于物④；物交物，则引之而已矣⑤。心之官则思，思则得之⑥，不思则不得也。此天之所与我者⑦，先立乎其大者，则其小者不能夺也。此为大人而已矣。”

——《告子》上·一五

章旨

孟子认为心是人之大体，先把心所思的方向确定下来，那么就不会被耳、目这些身体次要感观的感受欲求所误导，这就是为什么能成为君子的原因了。

注释

①**钧**：通“均”，同样。

②**从其大体**：随着本心所具的善性行事。从，随。大体，朱熹《孟子集注》：“心也。”

③**从其小体**：随着耳目之类的欲望行事。小体，朱熹《孟子集注》：“耳目之类也。”

④**耳目之官不思，而蔽于物**：耳、目等器官，不会思想，因而易受声、色等外在事物的蒙蔽。

⑤**物交物，则引之而已矣**：耳、目等器官，由于不会思想，所以跟“物”无异。既成了“物”，一和外物接触，就会被引诱了。

⑥**思则得之**：心能思想，就能得到仁、义、礼、智等义理。

⑦**此天之所与我者**：这三者（耳、目、心）都是上天赐予我们的。

析论

人身有五官，所谓五官是指耳、目、口、鼻以及心。耳之官职司听觉，目之官职司视觉，口之官职司味觉，鼻之官职司嗅觉，心之官则主宰人的思考。五官虽都是人体的一部分，但只有心之官能思考，孟子就把心之官视为“大体”，其余不能思考的器官均视为

“小体”。

一个人如果能依照“心之官”的思考来行事，这就是所谓的“从其大体”，因为“心之官”的思考，能令人辨别是非善恶，于是能谨言慎行，进而合乎仁、义、礼、智，这样就能修行成为“大人”。反之，如果舍弃心之官的思考，完全任令耳、目等器官的嗜欲发展，耽溺声色之娱，而不辨是否合于礼、义，那就与一般动物无别，这就是所谓的“从其小体”。凡“从其小体”的人，自然成为小人。

本章公都子二问，孟子二答，一层深入一层，第二次问答，归根究底，最需玩味。耳目之官，不能思考，则与物类无异，一旦与其他物类相接触，如果无心官主宰，则引而与物类合流，亦即蔽于物，这是“从其小体”的原因，因此，孟子要我们时时操持涵养心志。只要能操持涵养，就不会被物类所蔽，声色所迷，这种时时操持涵养就叫“立乎其大者”。能立乎其大者，就不担心不能成为君子了。

可见“心之官”虽能思考，但如果不去思考，心就不能得其用，这和前三章所谈的“人有与生俱来的善性，而善性需要存养才能发用”的道理一致。

建筑工人盖房子，总是先把四角的大柱子立好，然后再把柱子与柱子间的墙壁砌起来。先立大柱子，就像孟子所说的“立乎其大者”。“大者”一立，其余的枝节末端，自然就很容易处理了。

四、人之于身也

孟子曰：“人之于身也，兼所爱；兼所爱，则兼所养也。无尺寸之肤不爱焉，则无尺寸之肤不养也。所以考①其善不善者，岂有他哉？于己取之而已矣。体有贵贱，有小大②；无以小害大，无以贱害贵。养其小者为小人，养其大者为大人。今有场师③，舍其梧槚④，养其樲棘⑤，则为贱场师焉。养其一指，而失其肩背而不知也，则为狼疾人⑥也。饮食之人，则人贱之矣，为其养小以失大也。饮食之人，无有失也，则口腹岂适为尺寸之肤哉！”

——《告子》上·一四

章旨

孟子教人养身，不可因小失大，以贱害贵。

注释

①**考**：考察、审察。

②**体有贵贱，有小大**：人的身体可分为贵而大与贱而小两部分，贵而大指心志，贱而小指口腹。

③**场师**：治理场圃的人。

④**梧槚**：两种木本植物，皆为材木之美者。梧，梧桐。槚，音 jiǎ，或作榎，即楸（音 qiū），叶似桐。

⑤**樲棘**：两种木本植物，皆非美材。樲，音 èr，酸枣。棘，小枣。

⑥**狼疾人**：狼藉、谬乱之人，即不知治病之人。狼疾，即狼藉、谬乱之意。

析论

告子说：“食、色，性也。”食是为了维持生命，色是为了延续生命，都是人类不可或缺的生命条件，但是生命的意义，不只是食与色而已。在孟子的生命意义中，口腹饮食，只是属于小而贱的部分，相对的，属于大而贵的部分，就是心志的培养。

小与大、贱与贵，都是相对的概念，它们是同时存在的，是一体的两面。口腹之欲与心志之养，就生命来说，是同等重要的，但就生命的意义来说，就有小大贵贱之分了。孟子曾以鱼与熊掌为例，说明舍生取义的道理。谁不爱惜生命？但为了义，可以舍弃生命，可见所欲有甚于生者。在生与义二者不可兼得时，义就显得大而贵，而生就显得小而贱了。在孟子的心目中，人类若只追求口腹之欲的满足，那与一般动物并无两样，所以心志之养，自然显得大而贵；而口腹之欲，自然显得小而贱了。

在人世间，对轻重缓急、贵贱大小的观念不清晰的人很多，譬如官吏贪图小利，接受贿赂，因而断送了百姓的福祉、国家的发展；又如学生平日不知用功，只知投机取巧，企图考试侥幸得分，这样对自己的学问绝无帮助，而且也会良心不安。这些都是因小失大、以贱害贵的具体事例。因此，身心并进、灵肉一致的人，才是一个完美的人。

专题活动二

探究园地

1. 孟子所云的“自暴自弃”，与现代人所认知的“自暴自弃”有何异同？请说出你的看法。

2. 孟子之“求放心”和现代人所说的“放心”，意义有无差别之处？试举实例以说明之。

3. “操存舍亡”与“养其大者为大人，养其小者为小人”有何关联性？请说出你的看法。

学习活动

中国式过马路，是网友对部分中国人集体闯红灯现象的一种调侃，即“凑够一撮人就可以走了，和红绿灯无关”。

中国式接送孩子，是指上学或者放学时间，全国各地的小学门口，都有家长们开着二轮、三轮、四轮等各式交通工具，将自家的孩子亲自送进学校或是迎出校园，以实现家长和老师之间的“无缝对接”。

从“中国式过马路”到“中国式接送孩子”，近些年来，“中国式”这个标签所向披靡，将过去很长一段时间人们见怪不怪的社会积习层面的问题一一披露。如中国式相亲、中国式献爱心、中国式挤地铁、中国式加塞、中国式购物……自嘲也好，调侃也罢，当越来越多的国人群体性习惯被贴上“中国式”的标签时，我们似乎才恍然大悟，原来，我们的行为方式真的很“中国式”。其实，中国式的行为背后就是“中国式陋习”。

你对“中国式陋习”有何看法？你认为孟子主张的“存养善性”的做法能改变“中国式陋习”吗？请用演讲的方式来阐明你的观点。

存理克欲

一、养心莫善于寡欲

孟子曰："养心①莫善于寡欲②。其为人也寡欲，虽有不存焉者③寡矣。其为人也多欲，虽有存焉者寡矣。"

——《尽心》下·一三

章旨

孟子强调存养本心之道，没有比减少欲望更好的了。

注释

①**心**：指人类本有的善心。

②**寡欲**：减少私欲。寡，少，此处作动词用。欲，口、鼻、耳、目等的欲望。

③**不存焉者**：本性不存于心的情况。焉，代词，指心。者，代词，指情况。

析论

人类的嘴巴喜爱尝可口的滋味，鼻子喜爱闻芬芳的气息，耳朵喜爱听悦耳的音乐，眼睛喜爱看美丽的景观……只要口、鼻、耳、目、四肢与外在的事物相接触，就会产生形形色色的欲望。这些属于生理作用层次的欲望，往往使人陷溺其中，不能自拔，于是本有的善心就会坠入人欲之海，载沉载浮；若不及时援救，必将沉沦灭没！

面对人欲横流的危机，孟子提出了解决之道。孟子主张人类应该减少欲望，节制私欲。寡欲的效果，在于减少外物的诱惑，进而彰显善良的本心，使我们的生命超越生理的层次，提升到义理的境界。孟子相当含蓄地指出，一个人要是能寡欲，就算有"义理不存于本心"的情况，恐怕也是很少吧！反之，一个人要是多欲，必然深陷物质欲望之海，无法自拔；在这样困绝的地步，还能保持本心，也是很少的。如果丧失了本心，试问人和禽兽又有什么不同呢？

当代科技急速发展，人类的生活水准日增月进，而各种物质的享乐更是花样翻新，诱惑世人。人心为之陷溺，良知因而蒙蔽，乱象纷呈，罪孽横行，比比皆是。比方说，汽车与机车原是用以便利交通的，如今却成了某些人飙车的工具，为的只是满足一时的快感！电脑原是研究学术、改善生活的利器，如今却成了某些人巧取豪夺、经济犯罪的工具，为的只是满足个人的私欲！如果人人都能节制欲望，存养本心，必能以此善心，妙运科技，福国淑世，对人类才有深远的贡献。

二、鱼，我所欲也

孟子曰："鱼，我所欲也；熊掌①，亦我所欲也，二者不可得兼，舍鱼而取熊掌也。生，亦我所欲也；义，亦我所欲也，二者不可得兼，舍生而取义者也。生亦我所欲，所欲有甚于生者，故不为苟得[②]也；死亦我所恶，所恶有甚于死者，故患有所不辟[③]也。如使人之所欲莫甚于生，则凡可以得生者，何不用也？使人之所恶莫甚于死者，则凡可以辟患者，何不为也？由是则生而有不用也，由是则可以辟患而有不为也。是故所欲有甚于生者，所恶有甚于死者，非独贤者有是心也，人皆有之，贤者能勿丧耳。

一箪[④]食，一豆羹[⑤]，得之则生，弗得则死。嘑尔[⑥]而与之，行道之人弗受；蹴尔[⑦]而与之，乞人不屑也。万钟[⑧]则不辨礼义而受之，万钟于我何加焉？为宫室之美，妻妾之奉，所识穷乏者得我[⑨]与？乡[⑩]为身死而不受，今为宫室之美为之；乡为身死而不受，今为妻妾之奉为之；乡为身死而不受，今为所识穷乏者得我而为之，是亦不可以已乎？此之谓失其本心。"

——《告子》上・一〇

章旨

孟子论人之所欲、所恶有甚于生、死，但是生与死应以义为取舍标准，勿因一己私欲而失其本心。

注释

①**熊掌**：熊的脚掌，又名熊蹯（音 fán），滋味肥美，属珍贵的食品。

②**苟得**：苟且求生。

③**辟**：音 bì，通"避"。

④**箪**：音 dān，盛饭的圆形竹器。

⑤**一豆羹**：一碗羹汤。豆，古代木制的盛器。

⑥**嘑尔**：大声吆喝的样子。嘑，音 hū，通"呼"。尔，词尾。

⑦**蹴尔**：用脚拨移的样子，蹴，音 cù，蹋，践踏。"蹴尔"的文法结构和"嘑尔"相同。

⑧**万钟**：指丰厚的俸禄。钟，量器名，容六斛四斗。

⑨**得我**：即德我，对我感恩怀德。

⑩**乡**：音 xiàng，通"向"，曩昔、以前。

析论

孟子认为"义"的言行准则是从"羞恶之心"发展出来的，而"羞恶之心"发自每一个人与生俱来的良心。有良心的人，就能分辨什么是公义和节操，什么是小利和私欲。生死事小，良心事大。一般人的良心常不免被私欲蒙蔽，于是见利忘义，巧取豪夺。然而，贤人君子持守义理，存养本心，不以私欲、小利为利，而以公义、天理为利，所以能养成高尚的节操和完美的人格。孟子认为人是"所欲有甚于生"、"所恶有甚于死"的，并举了两个例子说明这样的道理：

一、鱼与熊掌的取舍。熊掌和鱼都是自己所喜爱的佳肴，但是熊掌的滋味尤胜于鱼。假使在这两道佳肴中只能择一而食，绝大多数的人必然会选择更美味、更珍贵的熊掌。这个例子说明每个人都希望追求更好的事物，生与死的取舍亦复如是。

二、箪食、豆羹与万钟之禄的取舍。每个人都爱生恶死，假使不吃这箪食、豆羹，就会饿死。但是，当别人"嘑尔、蹴尔而与之"的时候，绝大多数的人就宁死也不愿接受它了，因为吃嗟来之食有失尊严。

人都是喜爱富有、厌恶贫穷的。一旦在万钟之禄当前，许多人就心花怒放、头脑不清了，甚至人性的尊严、礼义的价值都忘得一干二净！为了财货权势，什么肮脏的、不道德的勾当都做得出来！

面对生死的抉择时，接受箪食、豆羹，都要明辨礼义。为什么没有生死的逼迫时，对于高官厚禄反而不讲求辞受地取予呢？这不是自相矛盾吗？

从第一个例子可知，人都是要追求更好的事物、更高的境界；而从第二个例子可知人性的尊严、礼义的价值，人类的良心是比生死来得更重要的。因此，即使是万钟之禄当前，也应该“不为苟得”，因为还有高于万钟之禄的价值在。即使是面临死亡，也不应放在眼里，因为尊严的丧失、人格的破产，比死亡还要令人憎恶。

为什么有这样的道德感呢？因为人都有羞恶之心，都有与生俱来的良心。而这良心是要善加存养的，必须如此，人之所以为人的道理才能确立；必须如此，人的社会才能和谐而有条理，才不致沦为禽兽之域。历史上许多贰臣，卖国求荣，像宋代的秦桧、明末的洪承畴，之所以遗臭万年，就是因为“万钟则不辨礼义而受之”！试问那不义的高官厚禄对他们的人格气节“又何所加焉”呢？

三、齐人有一妻一妾而处室者

齐人有一妻一妾而处室者，其良人[①]出，则必餍[②]酒肉而后反。其妻问所与饮食者，则尽富贵也。其妻告其妾曰：“良人出，则必餍酒肉而后反。问其与饮食者，尽富贵也，而未尝有显者[③]来。吾将瞷[④]良人之所之[⑤]也。”蚤[⑥]起，施从[⑦]良人之所之，遍国中[⑧]无与立谈者。卒之东郭墦间之祭者[⑨]，乞其余，不足，又顾而之他。此其为餍足之道也。其妻归，告其妾曰：“良人者，所仰望而终身也，今若此！”与其妾讪[⑩]其良人，而相泣于中庭[⑪]。而良人未之知也[⑫]，施施[⑬]从外来，骄其妻妾。

由君子观之，则人之所以求富贵利达者，其妻妾不羞也，而不相泣者，几希矣。

——《离娄》下·三三

章旨

孟子引述齐人在外乞食墦间、归家却在其妻妾面前摆架子的故事，比喻不择手段，追求富贵利达而骄人之可耻。

注释

①**良人**：妻子对丈夫的称呼。

②**餍**：音 yàn，饱。

③**显者**：富贵的人。

④**瞷**：音 jiàn，窥视。

⑤**所之**：即所往，指前往的地方。

⑥**蚤**：音 zǎo，通“早”。

⑦**施从**：躲躲藏藏地跟着。施，音 yí，通“迤”，斜行。

⑧**国中**：都城之中。

⑨**卒之东郭墦间之祭者**：最后走向东门城外坟墓间那些祭坟的人。卒，最后。郭，外

城。墦，音 fán，坟墓。“之东郭”的“之”是动词，往。

⑩讪：音 shàn，埋怨责骂。

⑪中庭：即庭中，堂阶前。

⑫而良人未之知也：可是丈夫还不知道这件事呢。“未之知”即“未知之”，不知此事。

⑬施施：音 shī shī，喜悦自得的样子。

析论

孟子经常通过讲述小故事来说明大道理，引证譬喻，适切中肯。他曾用“五十步笑百步”的故事告诉梁惠王治国之要，在于推行王道政治，才能深得民心的道理（《梁惠王》上·三）；也曾用“一傅众咻”的故事告诉戴不胜环境对人影响的深远（《滕文公》下·六）。像这样隽永的篇章，在《孟子》书中，几乎触目即是，不可胜数。本章第一段“齐人有一妻一妾而处室者”就是一则生动的故事，孟子借这个故事警惕世人要有羞耻心，有羞耻心才足以修身崇德，振家昌国。

妻子心目中的“良人”，本应有健全的人格，高尚的志节，肯吃苦耐劳，愿打拼上进，以建立幸福的家庭，创造美满的人生。这样的“良人”，才足以“仰望而终身”。然而孟子口中的这个“齐人”，竟然那么没出息！他竟日乞食墦间，酒醉肉饱，回到家中之后，还不知羞耻地“骄其妻妾”，骗她们说某某富人、某某显宦请他吃饭。这个“齐人”一则用子虚乌有的虚荣“欺”其妻妾，二则大言不惭地“骄”其妻妾，有这两项恶劣的行径，尚且沾沾自喜，自以为是，真是不知“羞耻”为何物！“良人”不良，一至于此！孟子冷峻幽默的讽刺，诚然足以发人深省。

社会上有些人谄媚逢迎，巧取豪夺，图谋富贵以骄人；有些人一味作奸犯科，杀人越货，以谋取财富，向人夸耀；另有好色之徒，专事骗情、骗色，以向人炫耀……这类无耻、败德之徒，套句孟子的话：“其家人不羞也，而不相泣者，几希矣！”

顾炎武曾经痛心地说：“士大夫之无耻，是谓国耻。”知识分子或人民的公仆要是恬不知耻，只是追求个人的富贵，那么国家的前途就让人担忧了。

四、孟子见梁惠王

孟子见梁惠王①。王曰：“叟②！不远千里③而来，亦将有以利吾国乎？”孟子对曰：“王何必曰利？亦有仁义而已矣。王曰：‘何以利吾国？’大夫曰：‘何以利吾家④？’士、庶人曰：‘何以利吾身？’上下交征利⑤，而国危矣。万乘之国⑥，弑其君者，必千乘之家；千乘之国，弑其君者，必百乘之家。万取千焉，千取百焉，不为不多矣⑦。苟为后义而先利，不夺不餍⑧。未有仁而遗其亲者也⑨，未有义而后其君者也⑩。王亦曰仁义而已矣，何必曰利？”

——《梁惠王》上·一

章旨

孟子劝梁惠王倡行仁义，勿使上下互相争夺利益而危及国家。

注释

①梁惠王：即魏惠王。姓魏，名罃（音 yīng），“惠”为谥号。旧都安邑（今河南安

邑县)，后迁都大梁（今河南开封市)，故称梁惠王。

②**叟**：音 sǒu，长老之称。

③**不远千里**：不以千里路途为远。

④**何以利吾家**：如何有利于我的家。家，大夫之家。

⑤**上下交征利**：上下相互征取财货利益。征，取。

⑥**万乘之国**：拥有万辆兵车的诸侯国。乘，音 shèng，一车四马为乘。

⑦**万取千焉，千取百焉，不为不多矣**：在万乘之国中获得了千乘兵车，在千乘之国中获得了百乘兵车，不能说不多了。

⑧**餍**：音 yàn，满足。

⑨**未有仁而遗其亲者也**：没有一个有仁德的人会遗弃他的父母！

⑩**未有义而后其君者也**：没有一个讲道义的人会把他的国君抛在脑后！

析论

本章是《孟子》全书开宗明义的一章。梁惠王问孟子“何以利吾国”，他所说的“利”，是指“富国强兵，以报仇雪恨”这一类的功利之事。这种逞一己之私欲、不恤民命的念头和行径，完全不合孟子居仁由义的思想，因此孟子斩截明快地反诘道：“王何必曰利？”然而要谈什么呢？孟子紧接着说“亦有仁义而已矣”。“仁义”与“功利”的分辨，就是本章的核心议题。

孟子经常把“仁”与“义”并称。恻隐之心是仁的发端，行为适宜是义的表现。恻隐之心就是“不忍人之心”，孟子认为当政者应以“不忍人之心”，推行“不忍人之政”。换言之，推行政务时，应该善待人民，不可让人民受到任何伤害。施行仁政，还要用“义”来节制，才能使得事物的轻重本末都合宜适中，恰到好处。如此一来，即使是追求富国强兵，也将完全符合仁义的要求；也不至于为了逞一己之私欲，不恤民命，穷兵黩武，侵伐邻国了。这应是孟子对梁惠王强调“亦有仁义而已矣”的原因。

孟子顺着梁惠王的功利思想，从负面推论，指出一味“征利”的严重后果。假如国君、卿、大夫、士、庶人等社会各阶层的人都各自谋取私利，唯利是图，到头来必然无耻狡诈，巧取豪夺，不完全夺取他人的权势财利是不会甘心的。最终社会必然失序，国家必然危殆，试问覆巢之下还有完卵吗？身陷乱世还能安享私利吗？不遵仁义，只求功利，其短视、其灾祸有如此者！

在严正的批判之后，孟子再用简明扼要的言词对梁惠王做心理辅导：“未有仁而遗其亲者也，未有义而后其君者也。”因此居上位者若倡导仁义，鄙弃功利，臣民自能风行草偃，崇仁尚义，而爱亲敬长，勤勉为国了。至此，孟子下了结论：“仁义”才是治国的至德要道。

五、宋牼将之楚

宋牼①将之楚，孟子过于石丘②，曰：“先生将何之？”曰：“吾闻秦、楚构兵③，我将见楚王，说而罢之；楚王不悦，我将见秦王，说而罢之。二王我将有所遇④焉。”

曰：“轲也请无问其详，愿闻其指⑤。说之将何如？”曰：“我将言其不利也。”

曰：“先生之志则大矣，先生之号⑥则不可。先生以利说秦、楚之王，秦、楚之王悦于利，以罢三军之师，是三军之士乐罢而悦于利也。为人臣者，怀利以事其君；为人子者，怀利以事其父；为人弟者，怀利以事其兄；是君臣、父子、兄弟终去仁义，怀利以相接，然而不亡者，未之有也。

先生以仁义说秦、楚之王，秦、楚之王悦于仁义，而罢三军之师；是三军之士乐罢而悦于仁义也。为人臣者，怀仁义以事其君；为人子者，怀仁义以事其父；为人弟者，怀仁义以事其兄；是君臣、父子、兄弟去利，怀仁义以相接也；然而不王者，未之有也。何必曰利?"

——《告子》下·四

章旨

孟子指出君王治国要怀仁义而去私利，才能王天下。

注释

①**宋牼**：战国时宋国有名的学者，属墨家。牼，音 kēng。

②**石丘**：宋国地名。

③**秦、楚构兵**：秦、楚两国交兵。构，交。楚怀王十七年，楚国与秦国战于丹阳（今河南丹水县南），秦打败楚军。

④**遇**：契合。

⑤**指**：通"旨"，大意。

⑥**号**：用以号召的名义。

析论

楚怀王十六年，秦、楚交恶，一场恶战将要开打。在大战前夕，宋牼要说服秦、楚之君不要打仗，这是一件很伟大的事。但是在孟子看来，宋牼的手段、说辞却不大高明。因为宋牼打算用利害来劝服秦、楚之君，这会让秦、楚两国趋向唯利是图，最后必然导致亡国。孟子劝宋牼要以仁义来说服秦、楚之君，让秦、楚两国都趋向仁义，最后必然能够完成王业。

战国时代，各国诸侯穷兵黩武，侵略邻国，并其土地，掳其人民，而秦国最为称霸。秦国自秦孝公变法以来，一百五十余年后，吞灭六国，统一天下。秦始皇雄心勃勃，欲传位万世，但其实行不仁不义之政，残民以逞，导致上下交征利，结果传国仅十五年就被灭亡了。

近世以来，德国、意大利、日本等国家先后掀起两次世界大战。当他们为了私利，用飞机大炮、军舰、战车来进攻别国时；当他们杀人盈野、破城亡国时，气焰是多么的嚣张！但是没过多少年，德、意、日战败投降了，徒留历史的喟叹而已。这也说明了"怀利以相接，然而不亡者，未之有也"。

六、鸡鸣而起

孟子曰："鸡鸣而起，孳孳[①]为善者，舜之徒也。鸡鸣而起，孳孳为利者，跖[②]之徒也。欲知舜与跖之分，无他，利与善之间[③]也。"

——《尽心》上·二五

章旨

孟子指出舜和跖的差别只在于对善与利的追求不同而已。

注释

①孳孳：勤勉不怠，本作“孜孜”。

②跖：音 zhí，相传为柳下惠的弟弟，春秋时代的大盗，有九千名手下，横行天下，侵暴诸侯，驱人牛马，取人妇女。

③间：音 jiàn，区别。

析论

人的本性原本相去不远，后来的发展之所以不同，往往是因为后天的修为不同。如果每天起来都努力行善，久而久之，心中便会充满仁义慈惠，跟舜是同类的人；相反，每天起来想的都是牟利，久而久之，心中充满了利害猜忌，就跟盗跖没有什么区别了。

儒家认为，一个人心中的存念非常重要，只要心中存念为善，纵然平时没有表现出来，但是一遇到行善的机会，自然而然就会表现出来；心中只想到牟利，纵然有再多行善的机会，也不肯去做。本章的“孳孳为善”与“为利”，我们应该从存心来解释，不能太拘泥。

专题活动三

探究园地

1. 孟子主张养心寡欲，但发展经济必须刺激消费，如何在寡欲和消费之间取得平衡呢？

2. 孟子说：“所恶有甚于死者，故患有所不辟也。”孟子只是强调杀身成仁吗？对于这个问题，请提出你的看法。

3. 孟子讲述“齐人有一妻一妾而处室者”这个故事，有什么含义？请加以说明。

学习活动

1.《史记·货殖列传》云：“天下熙熙，皆为利来；天下攘攘，皆为利往。”当今，我们似乎就生活在这“利”字当头的社会，商家更是为追逐利益而花样百出，在他们的“努力”下，有毒食品喷涌而出：胶面条、瘦肉精、三鹿粉、红心蛋、糖精枣、氟化茶、铝馒头、硫银耳、皮革奶、镉大米、毛酱油、药火腿、双氧翅……难道我们如今的社会已经变得这样可怕了吗？你有发现和这不一样的义举吗？试举出几例来。

2. 鲁迅先生在《中国人失掉自信力了吗》一文中写道：“我们自古以来，就有埋头苦干的人，有拼命硬干的人，有为民请命的人，有舍身求法的人，……虽是等于为帝王将相作家谱的所谓‘正史’，也往往掩不住他们的光辉，这就是中国的脊梁。”其实，中国的脊梁都是高举义旗的人，是孟子所说的“威武不能屈，贫贱不能移，富贵不能淫”的人，是“舍生而取义者”。你知道我们历史上这样的中国脊梁吗？请出一期相关的板报，来宣扬他们的义举，赞美他们高尚的灵魂，以实现自我心灵的净化。

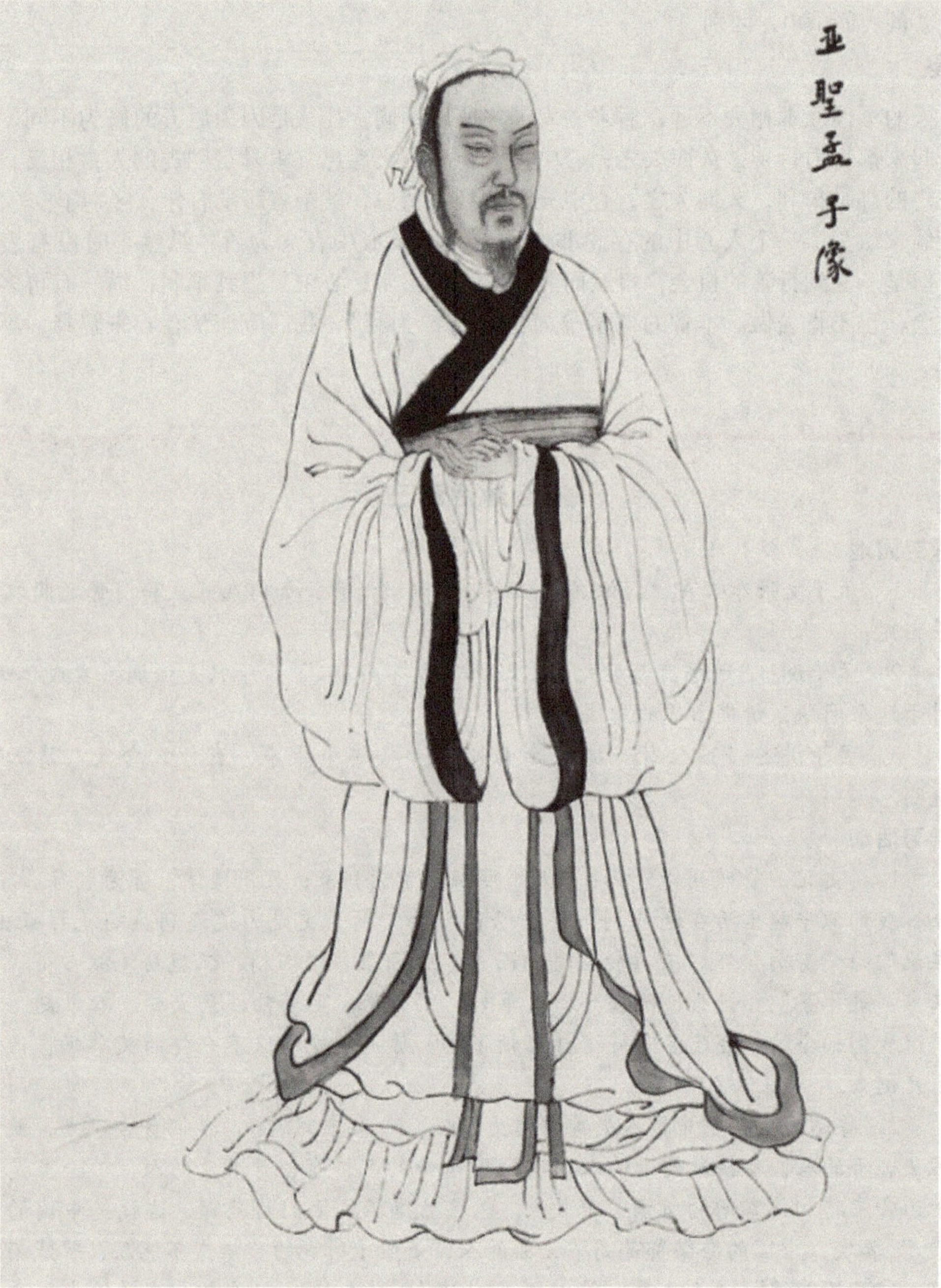

亚圣孟子像

行为

孟子主张人性本善，认为仁、义、礼、智，皆存于人之心，但如何将其存养扩充，则有待个人的修为。而修为之道，首重守身；守身在事亲，事亲之道，其唯孝悌而已矣。孟子曰：“事孰为大？事亲为大。守孰为大？守身为大……事亲，事之本也……守身，守之本也。”（《离娄》上·一九）有子曰：“君子务本，本立而道生；孝弟也者，其为仁之本与！”（《论语·学而》）是以本大类首列“行止务本”。

礼、义、廉、耻，于天下国家是治乱之关键，于个人修持是德行之准则。得志时可以与百姓共同施行，不得志时则独行其道。因此，君子极重操守，无论出处进退、取予辞受，皆须权衡利弊；待人处事，尤须时时自省，庶几可以无耻辱矣，故列“涵养操持”次其后。

行止务本

孟子的主张非常务实，因此落实到现世的做法也非常实际。他要求我们从日常生活做起，先爱自己的父母、兄长，然后扩大到周遭的朋友、乡人，再扩大到所有的人，最后扩及万物。父母是生养我们的人，人类不需要学习，自然就懂得爱父母；由这种自然的爱推展出去，而至于仁民爱物。这就是“道在尔”，也就是务本。本节选录“君子之于物也”、“道在尔”和“事孰为大”三章，以阐明孟子的主张。

一、君子之于物也

孟子曰：“君子之于物①也，爱之而弗仁；于民也，仁之而弗亲。亲亲而仁民，仁民而爱物。”

——《尽心》上·四五

章旨

孟子指出君子亲亲、仁民、爱物之间的爱是有差等的，仁民、爱物皆当以亲亲为本。

注释

①物：指草木、禽兽。

析论

孟子的主张从人性出发，因此极为务实，不为高蹈之论。就人和外界的关系而言，孟子指出君子对草木、禽兽，有爱心而没有仁心；对于一般人，有仁心而没有亲情。君子由亲爱自己的亲人，然后扩及仁爱一般人，再扩及爱惜一切草木、禽兽。这种爱合乎人性，可大可久，因此可以在人类社会中实践。同时代的墨子，主张爱无差等，很有理想性，很动人，却只能造成一时的狂热流行，过一段时间之后就“退烧”了，因为它不合人性，一般人很难长期实践。唯有“老吾老，以及人之老；幼吾幼，以及人之幼”，才符合人性，才能推己及人，达到仁民、爱物的境界。

二、道在尔

孟子曰：“道在尔[①]，而求诸远；事在易，而求诸难。人人亲其亲、长其长，而天下平。”

——《离娄》上·一一

章旨

孟子指出人人亲亲、长长，天下就太平了。

注释

①尔：通“迩”，近。

析论

人世间的事，本来是很简单的。“君君、臣臣、父父、子子”，人人做好自己的本分，天下就太平了。

孟子说的“亲亲、长长”，只是一个开端。能亲爱自己的亲人，这是仁的自然呈显；能敬重自己的长上，这是义的理性成长；再进一步扩充，当然能为国尽忠，见财思廉，待人有礼，行己有耻。

但是，有些人为了私利，使用各种手段，做出许多虚假的事情来。一般人因为资讯有限，往往误以为这是事情的真相，于是所思所为受到误导，久而久之，把平易的道理想得深远了，把简单的事情看得艰难了。这时候，唯有直指本心，“亲亲、长长”，在自己的位置上，做好自己该做的事，这才是正本清源之道。

三、事孰为大

孟子曰：“事[①]孰为大？事亲为大。守[②]孰为大？守身为大。不失其身[③]而能事其亲者，吾闻之矣；失其身而能事其亲者，吾未之闻也。孰不为事？事亲，事之本也。孰不为守？守身，守之本也。

曾子[④]养曾皙[⑤]，必有酒肉；将彻[⑥]，必请所与[⑦]；问有余，必曰‘有’。曾皙死，曾元养曾子，必有酒肉；将彻，不请所与；问有余，曰‘亡矣’，将以复进也，此所谓养口体者也。若曾子，则可谓养志也。事亲若曾子者，可也。”

——《离娄》上·一九

章旨

孟子指出守身事亲的重要性，事亲则应养志，而非养口体。

注释

①事：侍奉。

②**守**：持守其身，使不陷于不义。

③**失其身**：丧失自身的操守。

④**曾子**：曾参。

⑤**曾皙**：曾参的父亲，也是孔子的学生。

⑥**彻**：通“撤”，撤掉酒食。

⑦**与**：通“予”，给予。

析论

生命无价。父母给了我们生命，我们除了要好好爱惜，不做伤身害义的事情之外，还要懂得感恩父母。由此看来，守身和事亲是一体的两面，不可分开。

事亲除了奉养口体之外，最重要的是养志。人非禽兽，不是吃饱喝足就够了的；人有志趣理想，其重要性往往超越饮食饱暖。君子可以为了学习而废寝忘食，为了取义而舍弃生命。子女如果侍奉父母时，只能照顾到饮食饱暖，而忽略了父母的志趣理想，怎么能叫做孝呢？

曾子奉养父亲，必有酒肉，这是物质上的口体之养。酒肉要撤，一定问父亲要给谁？这是尊重父亲的承欢之心。父亲问还有没有酒肉，一定要说有，因为父亲会这么问，一定是想要给人。曾子一定回答说有，这就是怕父亲失望的先意之心。饮食小事能做到这样，其他的理想大业应该也可以承欢先意，做得很好，这才是养志。

曾元养曾子，只有口体之养，而不能养志，这不能算是孝。正如《论语·为政》篇所说：“至于犬马，皆能有养，不敬，何以别乎？”

专题活动一

探究园地

1. 孟子说：“亲亲而仁民，仁民而爱物。”在亲亲与仁民、仁民与爱物之间，是否还有什么要努力的？

2. 孟子曾说：“孩提之童，无不知爱其亲者。”（《尽心》上·一五）既然“爱其亲”是人类天生的，不学而能的，为什么孟子又说“失其身而能事其亲者，吾未之闻也”？二者有无矛盾？

学习成果展示

1. 以“行止之本”为主题，请同学们准备相关的资料，撰写演讲稿，举行一场演讲比赛。

2. 请同学们搜集有关“行止”类的古今中外的人或的事迹，以绘画、编成歌曲、编成课本剧等形式表述自己的体会、感悟。

学习成果展示

“匹夫不可夺志”，但是，如果一个人在志向的执行上有困难，是否仍然要不顾一切地坚持下去呢？就此问题，将班上同学分为两组，开展辩论赛。

涵养操持

人性本善，凡人与尧、舜所具有的良心本性，并无区别；至于行为、修养有圣愚之差异，原因就在圣贤能扩充善端、涵养善性、操持本心以处世，而凡人则放失其心、不知省察、不知追求。所以，孟子教育世人，要自我觉察为善成德的基础在于本心，必须“涵养之，持守之，依凭之”，以体现思虑于心，然后足以成就自我德行，营造社会和谐气氛。

本单元共选十二章，用以说明孟子论涵养功夫的几个重点。第一、二章说明人必须随时观照其心，自我反省，合乎仁义，不违礼智。第三、四章指出，反身而诚，强恕而行，仰不愧于天，俯不怍于人，这是人生的至乐。第五、六两章则说明知耻的重要性。“羞恶之心，义之端也。”人若无羞耻之心，必然违礼悖义，如何能做到强恕而行，俯仰无愧于天地之间呢？所以孟子特别强调“耻之于人大矣”。第七、八、九等章，孟子展现拨乱反正的大格局与舍我其谁的大气魄。这种大无畏的精神，正是其平时涵养操持之所致，适足以为万世法。最后三章，则提醒世人思考权（衡）与义（理）的关系。一个人的立身处世，固然必须信守原则，但是有时也要权衡事理，有所变通，并非一成不变。其权衡之道，则是唯义是从，在处世上慎其抉择，求其圆融。

一、行有不得者，皆反求诸己

孟子曰：“爱人不亲，反其仁；治人不治，反其智；礼人不答，反其敬。行有不得者，皆反求诸己。其身正而天下归之。《诗》云：‘永言配命①，自求多福。’”

——《离娄》上·四

章旨

孟子指出行有不得，要反求诸己，才能自求多福。

注释

①**永言配命**：永远配合天命而行。语出《诗经·大雅·文王》。永，长。言，助词。

析论

外界是一面镜子，可以反映出我们的形象和作为，只是人们多半疏于擦拭这面镜子，以致看不清楚自己的缺陷。

我们关爱他人，他人却不领情，可能是我们的内心还有不仁夹杂其间；努力治理人民，政治却不上轨道，可能是我们急功近利，思虑不够周到；以礼待人而得不到回敬，可能是我们的恭敬还不够。

人懂得反求诸己，才能自求多福，因为只有要求自己，才能保有无限超越的可能。求诸天，天意渺渺；求诸人，人心难测，都不如反求诸己。

寒山问拾得说：“人家谤我、欺我、辱我、笑我、轻我、恶我、骂我、骗我时，如何？”拾得说：“只可忍他、由他、避他、耐他、敬他、不要理他，再等几年，看他怎样？”拾得的境界已经很伟大了，但是孟子告诉我们更积极的做法，要能反求诸己，才能自求多福。

二、君子所以异于人者，以其存心也

孟子曰："君子所以异于人者，以其存心[1]也。君子以仁存心，以礼存心。仁者爱人，有礼者敬人。爱人者，人恒爱之；敬人者，人恒敬之。有人于此，其待我以横逆[2]，则君子必自反[3]也：'我必不仁也，必无礼也，此物[4]奚宜至哉？'其自反而仁矣，自反而有礼矣，其横逆由[5]是也，君子必自反也：'我必不忠。'自反而忠矣，其横逆由是也，君子曰：'此亦妄人[6]也已矣！如此，则与禽兽奚择[7]哉？于禽兽，又何难[8]焉？'是故君子有终身之忧[9]，无一朝之患[10]也。乃若[11]所忧，则有之：舜，人也；我，亦人也。舜为法于天下，可传于后世，我由未免为乡人[12]也，是则可忧也。忧之如何？如舜而已矣。若夫君子所患，则亡[13]矣，非仁无为也，非礼无行也。如有一朝之患，则君子不患矣。"

——《离娄》下·二八

章旨

孟子说明君子以仁存心，以礼存心；无一朝之患，有终身之忧。

注释

①**存心**：以仁、礼存于心而不忘。

②**横逆**：蛮横无理。横，音 hèng。

③**自反**：自我反省。

④**物**：事。

⑤**由**：通"犹"。

⑥**妄人**：不明事理、胡作妄为的人。

⑦**奚择**：如何分别。奚，何。择，别。

⑧**难**：音 nàn，计较。

⑨**终身之忧**：终身的忧虑，言忧心不能成就如舜那般的圣德。

⑩**一朝之患**：一时偶发的祸患。

⑪**乃若**：犹言"若夫"，提示之词。

⑫**乡人**：乡里间的平常人。

⑬**亡**：音 wú，无。

析论

孟子心目中的君子是以仁、礼存心，遭遇横逆必先自我反省的，所以君子唯有终身之忧，而无一朝之患。然而一般人却是以货利声色存心，遭遇横逆必先责怪他人，只有一朝之患，而无终身之忧。

以货利声色存心，只能珍爱货利声色，不能爱人、敬人，自然别人也不会爱之、敬之，所以人与人的相处必多横逆。一有横逆，便交相指责、毁憎，于是每日为应付这样的指责、毁憎、以横逆待我的"一朝之患"，而疲于奔命，自然没有精神顾及"终身之忧"了。

孟子此处正要试图扭转这种风气，提出"以仁、礼存心"，由爱人、敬人出发，使他人潜移默化，彼此能以仁、礼相待。如果遭遇横逆，则先自省，待自省没有过失，就宽厚地原谅别人，不与之斤斤计较，这正是“律己以严，待人以宽”的表现。更重要的是孟子提出了“终身之忧”，忧什么呢？忧不如舜。换句话说，就是忧虑不能成为圣人。圣人的事业是博施济众，“为法于天下，可传于后世”，这样的事业，必须一辈子孜孜矻矻地努力实践，非一蹴而就。因此，君子心中先确立了一个“为圣人事业”的大目标，至于那些一时偶发的“一朝之患”，就再也无法改变君子的志向，也就不值得君子忧虑了。

如果我们都能怀有“终身之忧”，知道要忧虑的对象是什么，例如经济学家把不能改善人类经济形态视为“终身之忧”，医生把不能增进人类健康视为“终身之忧”，文学家把不能启蒙人类思想文化视为“终身之忧”，科学家把不能突破现今科技水准视为“终身之忧”等，那么，便不致因一时的毁誉爱憎而改变心志，或因一时横逆乖违而灰心丧志，而可以任重道远地去贡献心力，百折不挠地去实现理想了。

三、万物皆备于我矣

孟子曰：“万物皆备于我①矣。反身而诚，乐莫大焉②。强恕而行③，求仁莫近焉④。”

——《尽心》上·四

章旨

孟子主张强恕以求仁，诚身以致乐。

注释

①**万物皆备于我**：万事万物之理都具备在我的身上。万物，指万事万物之理。

②**反身而诚，乐莫大焉**：反躬自省，而能真实无妄，是莫大的快乐。诚，真实无妄。焉，代词，指反身而诚。

③**强恕而行**：努力实践推己及人的功夫。强，勉强、努力的意思。恕，推己及人。

④**求仁莫近焉**：这是求仁最简捷的途径。焉，代词，指强恕而行。

析论

人心是具体而微的天理，具备理解万事万物的能力，所以说“万物皆备于我”。只要一经诚笃的反省，便能证明自己果然四端俱存，能力无穷而价值无限，所以说“反身而诚，乐莫大焉”。若能善以别人的“能”，激发自己的“不能”；更以自己的“能”，济助别人的“不能”，强恕而行，成己成物，便是仁德的表现，所以说“求仁莫近焉”。

然则孟子是以“万物皆备于我”，说明人心愿力的宏大；以“反身而诚，乐莫大焉”，说明人心善端具存的事实，以及此善可以通过验证，让人拥有莫名的快乐；更以“强恕而行，求仁莫近焉”，指发挥仁心功能的途径。由此看来，人心果然有善，愿力果然无穷，尽性果然快乐，行仁果然容易。

四、君子有三乐

孟子曰：“君子有三乐，而王天下①不与存焉②。父母俱存，兄弟无故③，一乐也；仰不愧于天，俯不怍④于人，二乐也；得天下英才而教育之，三乐也。君子有三乐，而王天下不与存焉。"

——《尽心》上·二〇

章旨

孟子言君子有三乐：亲人无故、俯仰无愧、教育英才，乐过于王天下。

注释

①**王天下**：统治天下。王，音 wàng，当动词用。

②**不与存焉**：不包括在内。与，音 yù。焉，代词，指三乐。

③**无故**：无灾患。

④**怍**：愧。

析论

孟子认为君子有三乐，第一乐是"父母俱存，兄弟无故"，即所谓的"天伦之乐"。父母、兄弟俱在，身体健康，不遭逢事故，不是人力勉强得来的，所以君子特别珍惜，以此为至乐；第二乐是"仰不愧于天，俯不怍于人"。君子心地光明坦荡，行事问心无愧，所以俯仰无愧怍于天、人，而胸怀磊落、快意自得，正是君子所乐之处；第三乐是"得天下英才而教育之"。君子化育英才，为国储贤养才，共同济助天下，实现君子的理想，所以君子乐之。

其实孟子所称的三乐，是有先后顺序的。"父母俱存，兄弟无故"，这是第一乐。孟子曰："仁之实，事亲是也；义之实，从兄是也；智之实，知斯二者弗去是也；礼之实，节文斯二者是也；乐之实，乐斯二者，乐则生矣；生则恶可已也？恶可已，则不知足之蹈之，手之舞之。"（《离娄》上·二七）"父母俱存"，可以事亲，事亲是仁的具体表现。"兄弟无故"，可以从兄，从兄是义的具体表现。所以"父母俱存，兄弟无故"，不仅是"天伦之乐"，也是仁义具体的表现，可以让人乐到"不知足之蹈之，手之舞之"了。

"仰不愧于天，俯不怍于人"，这是属于个人的修为，能达到这一境界，其日常行为必定恪遵仁、义、礼、智；其平常生活也必定胸怀磊落，快意自得；其人格足可称得上是一个顶天立地的豪杰之士，能成为"豪杰之士"，自然"无忝于所生"，此所以为第二乐。

而"得天下英才而教育之"，自己的道德学问必须能做到使学生心悦诚服，就像七十二子之对孔子，此所以为第三乐。

至于"王天下不与存焉"，孟子认为，一般人总觉得"王天下"应该是人生最大的乐事，其实那是世俗的想法。权力、财势，未必能使人感到快乐。因为一旦在位，如果是贤君，就必定是诚惶诚恐，时时以天下为念，不敢有丝毫偷安，哪儿还有心思去享受治理天下以外的心灵之乐？如果是不贤之君，整天陶醉于权力欲的满足，无思于治国安民，终必弄得天怒人怨，不保四海，这又如何能得到真正的快乐呢？所以说"君子有三乐，而王天下，不与存焉"。

五、人不可以无耻

孟子曰："人不可以无耻[①]。无耻之耻[②]，无耻[③]矣。"

——《尽心》上·六

章旨

孟子指出知耻才能免去耻辱。

注释

①**无耻**：没有羞耻心。

②**无耻之耻**：把没有羞耻心当成一种耻辱。

③**无耻**：不会招来令人羞耻的事了。

析论

人不可以没有羞耻心，如果人没有羞耻心，那就什么违法败德的事都做得出来了。五代时期的冯道，年轻时颇有正义感，也做了不少好事。他历经后唐、后晋、后汉、后周四代十君，在相位二十余年，自号长乐老。他在相位期间也做了不少对人民有益的事，但是因为当时的政局混乱，不管谁当皇帝，冯道都能安然当他的宰相；国家安危、皇权兴废似乎都与他无关，因此被欧阳修、顾炎武认为他是最无耻的代表。

相反，如果能把没有羞耻心当成最大的耻辱，知耻明耻，改过修弊，则可以涤除污浊，日趋清明，自然就不会再做出令人羞耻的事了。

六、耻之于人大矣

孟子曰："耻之于人大矣。为机变①之巧者，无所用耻焉②。不耻不若人，何若人有？"

——《尽心》上·七

章旨

孟子指出人不可失去羞耻之心。

注释

①**机变**：机巧诈变。

②**无所用耻焉**：没有用到羞耻心，即无羞耻之义。

析论

耻是一种促使人进步的动力。夜郎自大、自以为是的人，永远不会进步。更甚者如玩弄权谋、机变之巧的人，权位在手，名利熏心，耻对他来说是毫无作用的。只有"耻不若人"的人，才会时时警惕，日进月益地奋发图强，努力迎头赶上。

清朝末年，西方国家工业革命成功，帝国主义兴起，纷纷向世界各地开拓殖民地。然而，清朝政府掌握实际大权的慈禧太后，不但不知道以"不若人"为耻，反而一再地玩弄机变之巧，运用权谋，迫害改革分子，最后使中国步入列强入侵、清朝灭亡的困境，令人嗟叹。国家政治如此，个人的道德修养也是如此。

七、能言距杨、墨者，圣人之徒也

公都子曰："外人皆称夫子好辩，敢问何也？"

孟子曰："予岂好辩哉！予不得已也。天下之生①久矣，一治一乱②。当尧之时，水逆行[3]，泛滥于中国，蛇龙居之[4]，民无所定[5]，下者为巢[6]，上者为营窟[7]。《书》[8]曰：'洚水[9]警余。'洚水者，洪水也。使禹治之。禹掘地[10]而注之海，驱蛇龙而放之菹[11]。水由地中行[12]，江、淮、河、汉是也。险阻既远，鸟兽之害人者消，然后人得平土[13]而居之。

尧、舜既没，圣人之道衰，暴君代作[14]。坏宫室以为污池[15]，民无所安息，弃田以为园囿，使民不得衣食。邪说暴行又作。园囿、污池、沛泽[16]多而禽兽至。及纣之身，天下又大乱。周公相武王，诛纣伐奄[17]，三年讨其君[18]，驱飞廉[19]于海隅[20]而戮之，灭国者五十。驱虎、豹、犀、象而远之，天下大悦。《书》[21]曰：'丕显[22]哉，文王谟[23]；丕承[24]哉，武王烈[25]。佑启[26]我后人，咸以正无缺[27]。'

世衰道微，邪说暴行有[28]作。臣弑其君者有之，子弑其父者有之。孔子惧，作《春秋》。《春秋》，天子之事[29]也。是故孔子曰：'知我者，其惟《春秋》乎！罪我者，其惟《春秋》[30]乎！'

圣王不作，诸侯放恣，处士横议[31]，杨朱[32]、墨翟[33]之言盈天下。天下之言，不归杨则归墨。杨氏为我，是无君也[34]；墨氏兼爱，是无父也[35]。无父无君，是禽兽也。公明仪[36]曰：'庖有肥肉，厩有肥马，民有饥色，野有饿莩[37]，此率兽而食人也。'杨、墨之道不息，孔子之道不著，是邪说诬[38]民，充塞[39]仁义也。仁义充塞，则率兽食人。人将相食，吾为此惧。闲[40]先圣之道，距[41]杨、墨，放淫辞[42]，邪说者不得作[43]。作于其心，害于其事；作于其事，害于其政。圣人复起，不易吾言矣。

昔者禹抑洪水而天下平；周公兼[44]夷、狄，驱猛兽而百姓宁；孔子成《春秋》而乱臣贼子惧。《诗》[45]云：'戎狄是膺[46]，荆舒[47]是惩，则莫我敢承[48]。'无父无君，是周公所膺也。我亦欲正人心，息邪说，距诐行[49]，放淫辞，以承三圣者。岂好辩哉？予不得已也。能言距杨、墨者，圣人之徒也。"

——《滕文》公下·九

章旨

孟子担心异端邪说败事害政，所以挺身而辩，明拒杨、墨，以崇圣道，以正人心。

注释

①**天下之生**：天下自有人类以来。生，生民，指人类。

②**一治一乱**：平治跟动乱交替循环。

③**水逆行**：河水倒灌。

④**蛇龙居之**：蛇龙居住在人住的地方。之，即中国，指济州、兖州一带。

⑤**民无所定**：人民没有地方可以安居。

⑥**下者为巢**：住在低洼地区的人，在树上筑起巢来。

⑦**上者为营窟**：住在高地的人，在山壁凿出一个个的洞窟来。营窟，相连的窟穴。营，周匝相连。

⑧**《书》**：《尚书》逸篇，语见《古文尚书·大禹谟》。

⑨**洚水**：不遵河道而乱流的大水。洚，音 jiàng。

⑩**掘地**：疏通河道。

⑪**菹**：音 zū，草泽。

⑫**由地中行**：在河道中流动。地中，指两涯之间，也就是河道。

⑬**平土**：平地。

⑭**代作**：代之而起。

⑮**污池**：水池。污，音 wū，深水池。

⑯**沛泽**：水草茂密的沼泽地。沛，水草杂生处。

⑰**奄**：国名。故址在今山东曲阜县。尝助纣为虐。

⑱**讨其君**：讨伐奄国的国君。讨，征伐有罪者。其，代词，指奄国。

⑲**飞廉**：人名。纣臣，矫健善走。

⑳**海隅**：海边。

㉑**《书》**：《尚书》逸篇，语见《古文尚书·君牙》篇。

㉒**丕显**：伟大光明。丕，大、极。

㉓**谟**：谋略。

㉔**丕承**：善于继志述事。承，继述先人志业。

㉕**烈**：功业。

㉖**佑启**：扶助开导。

㉗**咸以正无缺**：都能依正道而行，没有缺失。

㉘**有**：音 yòu，又。

㉙**《春秋》，天子之事**：以《春秋》寓褒贬，是天子才能进行的工作。

㉚**知我者，其惟《春秋》乎！罪我者，其惟《春秋》乎**：人家若能了解我，是因《春秋》这部著作吧！若要怪罪我，也将因《春秋》这部著作吧！其，殆，表示推测之词，大概、也许。惟，因为。

㉛**处士横议**：布衣之士肆无忌惮地发表议论。横，音 hèng，肆无忌惮。

㉜**杨朱**：人名，主张全性保真。活动期在孔子后、孟子前。《孟子·尽心》上："杨子取为我，拔一毛而利天下，不为也。"

㉝**墨翟**：人名，墨家始祖。主张兼爱、非攻。活动期紧接在孔子之后，曾教群众爱他人之父如己父，希望扩充人们的爱心。

㉞**杨氏为我，是无君也**：杨朱主张利己为我，这是目无国君的说法。

㉟**墨氏兼爱，是无父也**：墨翟主张兼爱世人，这是心无父母的主张。

㊱**公明仪**：鲁国贤士，曾子弟子。公明，复姓。

㊲**饿莩**：饿死的人。莩，音 piǎo，通"殍"，饿死者。

㊳**诬**：音 wú，欺罔。

㊴**充塞**：阻塞。充，窒塞。

㊵**闲**：护卫。

㊶**距**：排拒。

㊷**放淫辞**：驱斥放荡无理的言论。放，驱逐。

㊸**作**：产生。

㊹**兼**：兼并。

㊺**《诗》**：《诗经》，语见《鲁颂宫》篇。

㊻**戎狄是膺**：攻击西戎、北狄。是，语助词，有确指之义。膺，音 yīng，击打。

㊼**荆舒**：楚国跟舒国。荆，楚国的别名。舒，楚国邻邦。

㊽**莫我敢承**：没人敢抵挡我。承，当，抵挡。

㊾**诐行**：偏邪的行为。诐，音 bì，不平正。

析论

孟子景仰孔子，关怀人民，所以对身处乱世的人民深表同情，对孔子学说不行于世的现象深感焦虑，认为自己应该效法孔子挺身而出，为改善社会的乱象而努力。

孟子以为当代动乱的根源，源自邪说的横行，而这个邪说的代表则是杨朱与墨翟。孟子认为杨朱“拔一毛以利天下不为”的学说，代表着自私自利；墨翟“兼爱天下”的学说，代表着亲疏不分。这种学说推展到极致，一则只顾自己，不管家国，破坏了国家制度；二则等视路人父母，不管自己父母的安危，毁弃了家庭伦常，将给天下带来动荡与不安，所以孟子将他们比作洪水、猛兽，强调一定要严加批判。

孟子有感于自己批判杨、墨，类似于孔子之制作《春秋》以惧乱臣贼子，也像周公之攻打戎、狄、荆、舒，以安天下百姓为自己的责任。他深信自己的行为是上承古圣的举措，所以尽管外人横加“好辩”之名，孟子乃以“不得已”为自己辩解。他认为自己的辟异端，和孔子、周公一般，都有不能自已的入世关怀，所以敢昂首向世人宣称，他是“圣人之徒”。就如孔子对自己之作《春秋》，恐将被人污蔑，而喊出“知我者，其惟《春秋》乎！罪我者，其惟《春秋》乎”，充满自信，昂然前行！

时人诬枉孟子好辩，谁是谁非，其实相当明显。我们可以说，“闲先圣之道，拒杨、墨，放淫辞”，正是孟子对历史负责、向自己交代的勇敢表现。我们可以从孟子的急切申辩处，看出他对孔子的推尊以及维护孔学的热切程度。而后世维护真理的文士，如谏迎佛骨以护儒教、虽被贬官潮州也不更易其理念的韩愈；如传布学理以传圣道、虽被斥作伪学也不稍悔其行的朱熹，其实都有几分孟子的影子在。原来孟子强烈地向杨朱、墨翟挑战的同时，早为后世立下了一个不可磨灭的英勇典型。

八、孟子答充虞

孟子去①齐，充虞②路问③曰：“夫子若有不豫④色然。前日虞闻诸夫子曰：‘君子不怨天，不尤人。’”曰：“彼一时，此一时也。五百年必有王者兴，其间必有名世者⑤。由周而来，七百有余岁矣。以其数⑥，则过矣；以其时⑦考之，则可矣。夫天未欲平治天下也，如欲平治天下，当今之世，舍我其谁⑧也？吾何为不豫哉！”

——《公孙丑》下·一三

章旨

孟子说明自己忧世心切，且有平治天下的能力与抱负。

注释

①**去**：离开。

②**充虞**：孟子的弟子。

③**路问**：在路途中发问。

④**豫**：悦。

⑤**名世者**：名传于世的贤人。

⑥**数**：指五百年的周期数。

⑦**时**：时势。

⑧**舍我其谁**：除了我，会是谁呢？

析论

孟子不被齐君重用，黯然离开齐国，一心想推行仁义、礼治的政治抱负再度落空，一时间百感交集，感慨随之俱来，不免有了不悦的脸色。弟子充虞误以为孟子脸色不悦是因为心里有所埋怨，所以婉转提出疑问："君子不是应该'不怨天，不尤人'吗？"然而孟子的不悦神情，并不是因为心里有所埋怨，而是自认为处在贤者应当兴起的历史周期上，上天如果要平治天下，除了他，还有谁能担负此重责大任？此时竟没能让他遇上圣明的君王，来实践心中抱负，或许天意还不想平治天下吧！孟子当时目睹生民涂炭，大道隐沉，哪能不忧痛于心？所以脸上才会现出不悦的神情。但如果说他有一丝一毫"怨天尤人"的埋怨，那是断然不存在的。

孟子这段话中提到两种修养，非常值得我们学习与深思：

一是"不怨天，不尤人"的涵养。能乐天知命，才能"不怨天"；能反求诸己，才能"不尤人"；不怨天尤人，自然无入而不自得。常人习性，凡遇挫折、失败，无不急忙诿过卸责，千错万错，都是他人的错；如果找不到诿过卸责的对象，矛头一转，全归咎给上天，于是怨天之音不息，尤人之声不绝，嗔怪怒怨，漫天弥地，以致反省工夫消失殆尽，可不戒哉？

二是"当今之世，舍我其谁"的气概。孟子曾说："待文王而后兴者，凡民也；若夫豪杰之士，虽无文王犹兴。"（《尽心》上·一〇）又说："舜，何人也？予，何人也？有为者亦若是。"（《滕文公》上·一）句句铿锵，豪迈之气跃然纸上。这股"舍我其谁"的气魄与担当，是使人奋进的动力，值得年轻人好好学习。

不过，"舍我其谁"亦不能无限制地扩张，仍须衡量环境、时局而以理义节制之。如果不能很好地克制，则很容易沦为迷恋权位、争夺利益，而变成无所不用其极的无耻、钻营之徒。在民主多元的社会中，面对政治，尤其更要有开阔的胸襟，承认别人也会有"舍我其谁"的雄心与理想以及有可以做得比自己好的可能性。

九、富贵不能淫，贫贱不能移，威武不能屈

景春①曰："公孙衍②、张仪③，岂不诚大丈夫哉？一怒而诸侯惧④，安居而天下熄⑤。"孟子曰："是焉得为大丈夫乎？子未学礼乎？丈夫之冠⑥也，父命⑦之；女子之嫁也，母命之；往送之门，戒之曰：'往之女家⑧，必敬必戒，无违夫子⑨。'以顺为正者，妾妇之道也。居天下之广居⑩，立天下之正位⑪，行天下之大道⑫。得志，与民由之⑬；不得志，独行其道⑭。富贵不能淫⑮，贫贱不能移⑯，威武不能屈⑰，此之谓大丈夫。"

——《滕文公》下·二

章旨

孟子说明：唯有能做到行于礼、居于仁、由于义，富贵不能淫，贫贱不能移，威武不能屈，才可以称作大丈夫。

注释

①**景春**：人名。纵横家，与孟子同时。

②**公孙衍**：魏人。入秦为相，为一有名的说客。《史记》卷七十有传。

③**张仪**：魏人。入秦为相，倡连横之说。游说六国事秦，对秦的一统天下，贡献极大。《史记》卷七十有传。

④**一怒而诸侯惧**：一旦发怒，诸侯都很害怕。因为公孙衍等人会怂恿秦王，离间诸侯，使他们相互攻伐。

⑤**安居而天下熄**：安居在家，天下就平静。因为公孙衍等人未作挑拨离间，动乱自然无从产生。熄，烽火未被点燃，指天下平静无事。

⑥**丈夫之冠**：成年男子举行冠礼。丈夫，年满二十岁的成年男子。冠，指冠礼。古代男子二十而冠，始为成人。其时父母为他举行一场隆重的典礼，意味着他须有胆识、有担当，让他从此成为一个成熟的男子。

⑦**命**：告诫。

⑧**女家**：你的家。女，音 rǔ，通“汝”，指夫家。

⑨**无违夫子**：不要违逆你的夫君。

⑩**居天下之广居**：居住在天下最宽敞的屋宇，比喻以仁居心。广居，仁也。

⑪**立天下之正位**：站立在天下最中正的位置，比喻以礼立身。正位，礼也。

⑫**行天下之大道**：行走在天下最宽坦的大路，比喻以义行事。大道，义也。

⑬**与民由之**：偕同百姓，一同朝着大道迈进。

⑭**独行其道**：独自坚持自己的原则。

⑮**淫**：荡乱。

⑯**移**：移易。

⑰**屈**：屈服。

析论

战国时代，公孙衍身配五国相印，为纵约之长；张仪则为强秦推行连横政策。当时国君对他们言听计从，他们在政坛上拥有举足轻重的权柄。景春从他们的影响力考量，所以表示钦敬，以为他们是大丈夫。

孟子不论影响力，但从行为的合理与否着眼，以为公孙衍等人于道德不能有所坚持，对世界没有积极贡献，只会迎合国君之好恶，搬弄是非。即使存有影响力，真正的力量根源终在国君，而不在自身。他们充其量只是些听凭君王指示的顺从者，或狐假虎威的弄权者而已，根本称不上是大丈夫！

孟子强调，居仁、由义、依礼的君子，必须不怕威胁，不受利诱，不管在不在位，都能对国家有责任感，对人民有关怀心，对理想有坚持的勇气，才能算是大丈夫。

孟子这番话，不仅批判了景春的错误，削弱纵横家的气焰，也确立了大丈夫的形象，为世人树立一个立身行事的楷模。时至今日，放眼社会，有那么一些人，只知道盲目地追求虚荣，唯利是图，轻忽道德，不知廉耻为何物，不知什么是真价值，什么叫真伟大。孟子这番话有相当大的醒世作用。

十、孟子答陈臻

陈臻①问曰："前日于齐，王馈②兼金③一百④而不受；于宋，馈七十镒而受；于薛，馈五十镒而受。前日之不受是，则今日之受非也；今日之受是，则前日之不受非也。夫子必居一于此矣。"孟子曰："皆是也。当在宋也，予将有远行⑤，行者必以赆⑥，辞⑦曰'馈赆，予何为不受？当在薛也，予有戒心⑧'，辞曰'闻戒，故为兵馈之⑨'，予何为不受？若于齐，则未有处⑩也，无处而馈之，是货之⑪也。焉有君子而可以货取乎？"

——《公孙丑》下·三

章旨

孟子说明君子的推辞、接受、取得和给予，都要以合于义为依归。

注释

①**陈臻**：孟子的弟子。

②**馈**：音 kuì，赠送。

③**兼金**：上等金，价格是普通金的一倍。周代谓铜为金，并非今日的黄金。

④**一百**：一百镒。古代以一镒为一金，一镒二十两。

⑤**将有远行**：孟子当时将离开宋国去梁国。

⑥**赆**：音 jìn，赠送远行者的礼金。

⑦**辞**：说辞。

⑧**戒心**：戒备之心。当时有人想要加害孟子，这使孟子心中有所戒备。

⑨**为兵馈之**：为购置兵备而赠送给你。

⑩**未有处**：没有接收赠礼的理由。处，地方，此指合理的名义。

⑪**货之**：以金钱收买我。之，代词。

析论

孟子认为君子在辞受取予之间，一定要坚守原则，这个原则就是"合于义才取，不合义则勿取"。君子修身处世均以礼义为根本，财货只是生活的工具，如果迫切需要别人的馈赠，又能合于义，那样就可以接受馈赠，这也是孟子在宋国、薛国接受馈赠的原因。但如果生活无虞，加上不合于义，却接受别人的馈赠，便是以财货为贵了，这样的话，就和唯利是图的人没什么两样了，这也是孟子不接受齐王馈赠的主因。

如果以财货为贵，一旦财货与道德相冲突时，便容易弃道德而就财货。弃道德则无所不为，就财货则唯利是图。近来社会经常可见诸如不当利益输送、违法政治献金、政商利益勾结等等新闻，这就是不合于义的取予。君子于辞受取予之际，应该要有坚持合于义的风骨，要有孔子"不义而富且贵，于我如浮云"的洒脱胸怀，唯有如此才能坦荡自在，至大至刚，不为财货所役，不被人收买。

十一、孟子论贤

禹、稷当平世①，三过其门而不入，孔子贤之。颜子当乱世，居于陋巷，一箪食，一瓢饮，人不堪其忧，颜子不改其乐，孔子贤之。孟子曰："禹、稷、颜回同道[②]。禹思天下有溺者，由己溺之也；稷思天下有饥者，由己饥之也，是以如是其急也。禹、稷、颜子，易地[③]则皆然。今有同室之人斗者，救之，虽被发缨冠[④]而救之，可也。乡邻有斗者，被发缨冠而往救之，则惑也；虽闭户可也。"

——《离娄》下·二九

章旨

孟子说明圣贤遭遇或有所异，但用行舍藏之心没有不相同的，都是合于道义而已。

注释

①**平世**：平治之世。

②**同道**：同有圣贤之道。

③**易地**：互换立场。

④**被发缨冠**：披散头发，帽带还来不及系好地戴上冠帽，形容匆匆忙忙的样子。被，通"披"。缨，帽带。

析论

禹、稷处于平治之世，身膺治理洪水、教导耕稼的重责，抱着人饥己饥、人溺己溺的态度，刻不容缓地去拯救天下百姓。颜回处于乱世，不在其位，不谋其政，箪食瓢饮，安贫乐道而自得旷达。孟子认为他们行事虽有不同，却执守相同的仁义，超然富贵功名之外，不被外物牵绊，故并称为贤者。

而我们经常犯的毛病却是处下位时，不以仁义修身，不好好充实自己，等待机会，反而一天到晚牢骚满腹，大叹怀才不遇；处上位时，却又不以仁义治世，不能超然于富贵功名之外，而失去兼善天下的雄心与气魄。人的际遇各有不同，或遇平治，或逢乱世，或得圣王，或遭昏君，或遇机缘，或逢困厄，但无论处在何种境况，贤者必能永远坚守仁义，"穷则独善其身，达则兼济天下"，因所处而制宜。这正是孟子听说"禹、稷、颜子，易地则皆然"的道理。也就是说，若是能执守仁义，便能随时随地合乎中道，无人而不自得，坦然以应世。

十二、可以取，可以无取

孟子曰："可以取，可以无取，取，伤[①]廉；可以与，可以无与，与，伤惠；可以死，可以无死，死，伤勇。"

——《离娄》下·二三

章旨

孟子教导世人权衡两可的方法，以免过犹不及。

注释

①**伤**：败坏、伤害。

析论

财货人人想要，但要取之有道，如子贡之善于货殖，人家只称之为能，而不会说他是贪？但若强取豪夺，贪得无厌，便欠廉洁，如冉求帮季氏聚敛，孔子便唾弃他，认为他不够资格做自己的学生。

给人好处，是仁者，如晏婴；但若只为收买人心，如田常损公益以惠市民恩，便不是真正的施惠，所以历史学家也揭发了他篡齐的阴谋。

敢于牺牲，唯义是从，当死则死，这是真勇气，因此太史公作《刺客列传》；但若横冲直撞，耍横斗狠，如市井上的小流氓，那便连勇都不是，纯属莽撞罢了。

其实孟子对陈臻质疑他在齐、宋、薛对诸侯的临别赠金接受与否态度不一致时，强调君子不可以被贿赂，而取与不取之间自有其原则（《公孙丑》下·三），此事自可引作孟子取与不取的范例。

生命与道义，就如鱼与熊掌，两者皆可得，但若两者不可得兼时，孟子宁愿舍生而取义（《告子》上·一〇）。由此可知孟子对生命的意义与价值了解得非常清楚，可以生则生，可以死则死。合乎道义则生，不合乎道义则死，真是正气凛然，慷慨至极。

至于给予，孟子没有明说，孔子倒有一些事例在。孔子责怪微生高乞醯予人为不诚实、为掠美（《论语·公冶长》），已是一例；又强调不应该以德报怨（《论语·宪问》），说明恩德不应不问情况地滥施，这又是不当妄与的佳例。

其实面对两可之际，究竟如何取舍，本是世人常有的困惑；而今孟子为人指点迷津，他直就人之贪欲提出告诫，提醒人们要廉洁自持；就妄施小惠提出警告，要人切勿坏了德惠的真正价值；或就莽撞却被当做勇气的事实耳提面命，要人注意其中的分际，不仅注意眼前，也注意长远；不仅注重声名，也注意实质。孟子提出的反省，让人震撼；揭示的原则，让人茅塞顿开。

那么，孟子为什么提出这段说辞呢？毛奇龄《圣门释非录》曾经试作猜测："此必战国之世，豪侠之习胜，多轻施结客，若四豪之类；刺客轻生，若荆、聂之类，故孟子为当时戒耳。"他以为这是孟子专为针对豪侠气习而发的言论，所论未必真确，可以留供参考。

专题活动二

探究园地

1. 孟子说"人不可以无耻"，试问耻的对象是什么呢？

2. 孟子为什么要言拒杨、墨？世人对孟子这举动有何误解？孟子对自己的行动又有怎样的自信呢？

3. 禹、稷与颜回的生活环境、地位背景差别很大，但孔、孟对他们都一致推崇，孟子且说他们"同道"，这给我们什么启示？

学习成果展示

1. 学生搜集有关"涵养操持"的经典诗歌，以情景剧表演、经典朗诵会、朗诵擂台赛等形式进行展演。

2. 以"涵养善性，操持本心"为主题，搜集资料，制作一期黑板报和编写一份手抄报。

3. 以"高尚操行之我见"为主题开展主题班会，全班同学结合学习孟子之"涵养操持"的感受和体会进行发言。

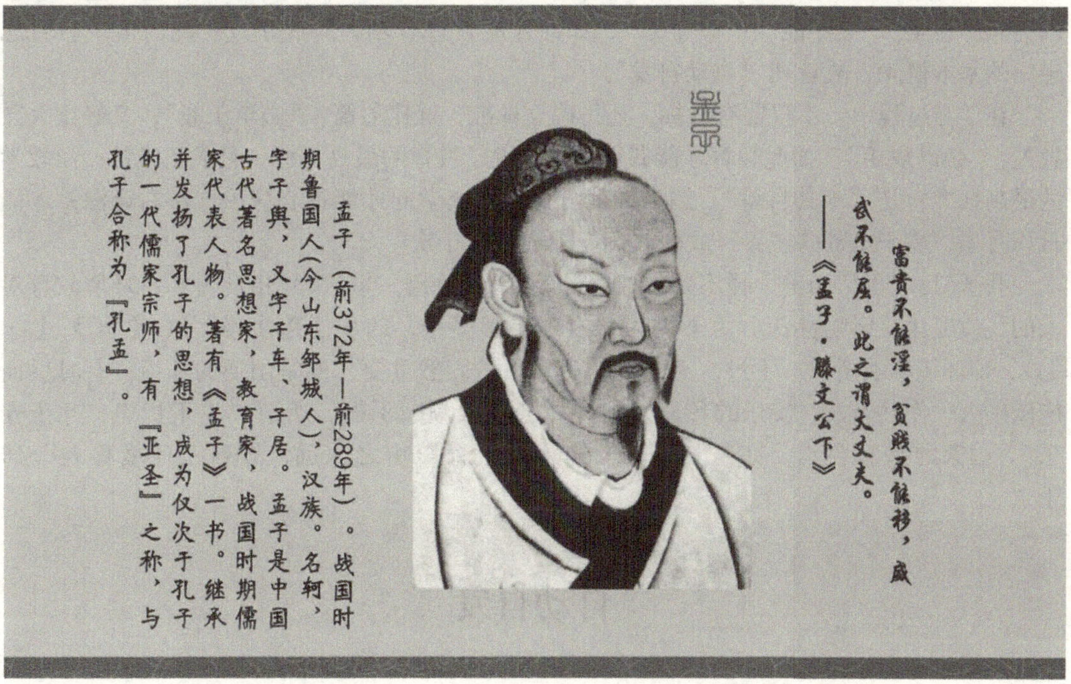
富贵不能淫，贫贱不能移，威武不能屈。此之谓大丈夫。
——《孟子·滕文公下》
孟子（前372年—前289年）。战国时期鲁国人（今山东邹城人），汉族。名轲，字子舆，又字子车、子居。孟子是中国古代著名思想家，教育家，战国时期儒家代表人物。著有《孟子》一书。继承并发扬了孔子的思想，成为仅次于孔子的一代儒家宗师，有『亚圣』之称，与孔子合称为『孔孟』。

孟子简介

教育

孟子的教育思想，以人性本善为出发点，认为教育之道，应重潜移默化，使其自动自发，扩充善性，自然成德，所谓“夫道若大路然，岂难知哉？人病不求耳？子归而求之，有余师”（《告子》下·二）。除了自动自发，还必须专心致志，持之以恒，绝不能“一心以为鸿鹄将至”，更不能“一曝十寒”，如此才能日进有功，终底于成。此为孟子教育思想中的基本概念，故首列“自动自发”。

在学习过程中，不仅要有目标，还得确立标准，好比射箭，“必至于彀”；又好比大匠教人，“必以规矩”，如此教育才能获得成效。孟子教育的最高目标，是成圣成贤；而教学的最高标准，是“求其自得”。因为唯其自得，研究学问才能得心应手，左右逢源；才能日积月累，臻于圣贤的境界，故列“确立标准”居于次。

孔子曰：“里仁为美，择不处仁，焉得知？”（《论语·里仁》）由此可知，环境教育对人的气质变化，影响甚深。孟子以为“富岁子弟多赖，凶岁子弟多暴”（《告子》上·七），即环境影响所致。不过，孟子也认为好环境固然重要，但是困逆的环境，有时反而能砥砺人，使其奋发；安乐的环境，则往往会令人颓靡不振，所谓“生于忧患，死于安乐”。国家的兴衰存亡，亦复如是，可知环境教育影响之深远，故列“环境移人”居于末。

自动自发

教育之道，应重潜移默化，使其自动自发，扩充善性，自然成德。除此之外，还必须专心致志，持之以恒，直到走向成功。

一、论因材施教

孟子曰：“君子之所以教者五：有如时雨化之者①，有成德②者，有达财③者，有答问④者，有私淑艾⑤者。此五者，君子之所以教也。”

——《尽心》上·四〇

章旨

孟子说明君子教人的五种方式。

注释

①**有如时雨化之者**：君子教性的方法，有像及时的雨水滋润化育草木的情形。时雨，

及时的雨。

②**成德**：顺着学生本有的德性加以栽培。

③**达财**：就着学生本有的才质加以指点，使学生能充分发挥。达，通达。财，材也。

④**答问**：针对学生所问的问题加以答复指导。

⑤**私淑艾**：闻君子之道于人，而私下拾取以修养自身。淑，善也。艾，音 yì，治也。

析论

教学是艺术，必须因材施教，灵活地运用各种教学方法来教导学生。施教的对象和情境不同，教学方法也要随时随地加以调整，最终目的是让每一个接受教育的人，都能顺着自己的性向，或研习道术，或发展技艺，而各得其所，各有所成。

对资赋优异、自动认真学习的学生来说，老师的教导就像适时的雨水滋润化育草木，只要稍加指点，当下就能领会。例如《论语》记载孔子称赞颜渊："吾与回言终日，不违如愚。退而省其私，亦足以发。回也不愚。"（《论语·为政》）颜渊的领悟力本来就很高，又能勤勉力学，不断精进，因此对于孔子所传授的学问都能心领神会，进而有所阐发。孔子教导颜渊，已经达到"时雨化之"的境界了。

有些学生的德性，自我修为已有相当成就，只是还不知道如何扩而充之，老师只要从旁稍加启导，使学生原有的美德高度发挥，形成完美的人格，这就是"成德"之教。

每个人都有不同的性向和材质。对某些有特殊才能的学生，老师在教学时，也要随各自不同的性向和材质，因材施教，让他们各自发挥所长，充分自我实现，这就是"达财"之教。

当然学生有了疑问，请教老师，老师也要针对问题的繁简难易，给予适当的解说，满足学生的求知欲，这就是"答问"之教。

由于时代和国度不同，或者某些客观条件的限制，对于古昔圣哲，或者大师级的学者，不能亲炙，无法当面请益，那就只能掇取他们的善言、懿行来修养自己，这就是所谓的"私淑艾"了。孟子仰慕孔子的学问和人格，虽较孔子晚生百年，不及躬聆圣教，但是受教于子思的门人，通过传世的文献，自力精研孔子之学并发扬光大，成为弘扬孔子学说的功臣，泽被生民，这就是"私淑艾"的学术传承。

我们新时代的青年，今天有幸接受春风化雨、成德、达财之教，固当覃思力学，充实自我，以期达己达人。但是对于人类文化史上的圣贤，不能亲炙，那也可以效法孟子的"私淑艾"，进而阐扬他们的学问和智慧，成为一个具有大气魄、大智慧的读书人。

二、论不屑之教

孟子曰："教亦多术矣。予不屑之教诲[①]也者，是亦教诲之而已矣。"

——《告子》下·一六

章旨

孟子指出"不屑之教诲"，使其自省自反，也是一种教导人的方法。

注释

①**不屑之教诲**：轻视其人，而不加以教诲。屑，洁。不屑，谓不以为洁而轻之拒之，

表示轻视之意。

析论

我国传统的教育除了知识的传授之外，还特别重视道德教育。学生的德行有了缺失，老师或者加以开导，使之迁善自新；或者施以不屑之教诲，使之深受警惕，知所悔改。在今日的学校教育中，若有好勇斗狠、惹是生非的学生，老师便会苦口婆心，三番两次地对其劝说、开导，结果却是言者谆谆，听者藐藐。此时或许也可试一试不屑之教诲，让这种顽劣的学生去好好想一想，老师为何不理他了；等到学生受到不屑之教诲的刺激，有所悔悟之后，再行教诲，其也就比较容易改过迁善了。

不屑之教并非万灵丹，在知能的教学或专业课程中，这种教法较不适宜。只有针对某些较为特殊的个案，或是德行方面的教育，这种不屑之教诲才能奏效。今天从事教育工作，面对新时代的年轻人，这种“不屑之教诲”更应谨慎采用。

三、论专心致志

孟子曰：“无或乎王之不智也①。虽有天下易生之物也，一日暴之，十日寒之②，未有能生者也。吾见亦罕矣，吾退而寒之者至矣③。吾如有萌焉，何哉④？今夫弈之为数⑤，小数⑥也，不专心致志，则不得也。弈秋⑦，通国⑧之善弈者也。使弈秋诲二人弈，其一人专心致志，惟弈秋之为听⑨；一人虽听之，一心以为有鸿鹄⑩将至，思援弓缴⑪而射之，虽与之俱学，弗若之矣。为是其智弗若与⑫？曰：非然也。”

——《告子》上·九

章旨

孟子主张为学要专心致志，才可有成。

注释

①**无或乎王之不智也**：不要怪大王不聪明。或，通“惑”，疑怪。朱熹《孟子集注》：“王，疑指齐王。”

②**一日暴之，十日寒之**：晒一天太阳，却有十天遭到阴寒。暴，音 pù，曝晒。

③**吾见亦罕矣，吾退而寒之者至矣**：我见大王的机会本来就很少，我退出之后，那些对大王谄媚迷惑的人就来到大王周围了。寒之，指对大王谄媚迷惑。

④**吾如有萌焉，何哉**：我如果使他萌生一点善端出来，那又能怎样呢？

⑤**弈之为数**：围棋这种技艺。数，技术、技艺。

⑥**小数**：微不足道的技艺。

⑦**弈秋**：古代精于围棋的人，名秋。

⑧**通国**：全国。

⑨**惟弈秋之为听**：只是专心听从弈秋的教导。

⑩**鸿鹄**：禽鸟名。羽毛光泽纯白，似鹤而大。

⑪**缴**：音 zhuó，系在箭上的生丝绳，引申为系有丝线的箭。

⑫**为是其智弗若与**：说这是他的才智不如人吗？为，音 wèi，通“谓”。是，此、这种情况。弗若，不如。

析论

君王想要有治理国家的智慧，除了自我的修持精进之外，“咨诹善道，察纳雅言”（诸葛亮《出师表》）更是相当重要。经常亲近贤者，谦逊虚心地向贤德之士请益，方能集合众人的智慧，镕铸成大智慧，以安邦定国，为人民谋幸福。

本章所说的王是如何“不智”，由于文献不足，无从得知，但是孟子对于这位君王不智的原因，运用“一曝十寒”和“弈秋诲弈”两个譬喻来加以分析，却说得生动而贴切，直指问题的核心。首先，君王身边被群小包围，每天不是听取谗言，就是被谄谀之言所蛊惑；每隔十天、半个月，好不容易才偶尔会见贤者，他的头脑怎么会清楚呢？孟子用“天下易生之物也，一日暴之，十日寒之”来说明，是相当深刻的。君王接触贤者的机会太少，当然日益“不智”了。其次，君王对于贤者的言论不能专心听取，一心只想着别的事情，就像“一心以为有鸿鹄将至，思援弓缴而射之”的学生，心不在焉地听弈秋教棋一样，有幸接触正道，却不能专心致志，当然也就无法拥有智慧了。

细读本章，可以发现孟子这番话虽然是针对君王而发，希望君王要时时亲近贤士，远离小人，尤其是对于贤士的雅言还应专心听取，以成就大智慧。其实，教育又何尝不然呢？青年学子在求学过程中，也应自我激励，对于所涵养、所研习的学问，不但要专心，而且要有恒心，切忌“一曝十寒”而枉费工夫，切忌“一心以为有鸿鹄将至”而终无所成。

四、论持之以恒

孟子谓高子[①]曰：“山径之蹊[②]间，介然[③]用之而成路。为间不用[④]，则茅塞之矣[⑤]。今茅塞子之心矣。”

——《尽心》下·二一

章旨

孟子训勉高子学贵有恒，不可间断。

注释

①**高子**：齐国人，曾经学于孟子。

②**蹊**：音 xī，人行处。

③**介然**：专一的样子。

④**为间不用**：间隔一些时日不去行走。间，音 jiàn，间隔。用，行。

⑤**茅塞之矣**：生出茅草塞住道路了。之，代词，指“道路”。

析论

杂草丛生的山上常有固定行走的路线，因为路上不易生长杂草，久而久之，自然形成一条道路。如果所走的路线不变，却是每隔十天、半个月才走一回，想要形成一条小路，也是不大容易的。只有天天行走，经常行走，才能走出一条路来，这是专一而不间断的结果。

荀子《劝学》篇列举了许多例子，如“积土成山，风雨兴焉；积水成渊，蛟龙生焉”；“锲而不舍，金石可镂”；“目不能两视而明，耳不能两听而聪”等，说明为学要专一和有恒心，才能“神明自得，而圣心备焉”。这些内容足以和本章义理互相阐发。我们无论读书为学，还是研习技艺、行善积德，如果都能专心致志，勤勉有恒地朝既定目标不断精进，那么，假以时日，成就必然相当可观。要是做任何事都是“三天捕鱼，两天晒网”、“一日暴之，十日寒之”，连“山径之蹊”都无法形成，又怎能走出宽广平正的人生大道呢？

五、与人为善

孟子曰：“子路人告之以有过则喜，禹闻善言则拜①。大舜有大焉②，善与人同③，舍己从人④，乐取于人以为善⑤。自耕、稼、陶、渔，以至为帝，无非取于人者⑥。取诸人以为善，是与人为善者也⑦。故君子莫大乎与人为善。”

——《公孙丑》上·八

章旨

孟子赞美虞舜善与人同，舍己从人，乐取于人以为善。

注释

①**禹闻善言则拜**：夏禹听到别人提供的美言，就加以拜谢。善言，嘉言、有道理的话。

②**大舜有大焉**：大舜又更伟大了。有，音 yòu，又也。焉，于此，“此”指上文“子路人告之以有过则喜，禹闻善言则拜”。

③**善与人同**：善为通行天下的公理，是大家所共有的。朱熹《孟子集注》：“善与人同，公天下之善而不为私也。”

④**舍己从人**：牺牲自己的见解，遵从大众的公理。

⑤**乐取于人以为善**：乐于学习别人的优点来行善。为善，行善。

⑥**自耕、稼、陶、渔，以至为帝，无非取于人者**：舜从微贱时便在历山耕种，在河边烧制陶器，在雷泽捕鱼，直到做了天子，往往都是取法别人的优点来行善的。

⑦**取诸人以为善，是与人为善者也**：采取别人的优点来行善，这就是鼓励别人行善。是，此，这。与，赞许，鼓励。

析论

《论语·公冶长》篇记载：“子路有闻，未之能行，惟恐有闻。”说明子路对于善言和善行，往往迫不及待地加以实践。本章所说“人告之以有过”属于“有闻”，子路除了欣喜之外，当然也是急忙改正了。勇于改过，自然寡过；过失不断减少，离纯然至善的境界也就越来越近了。由《论语》、《孟子》的记载，可见子路真是一位善于自修的贤者。

夏禹地位崇高，却能虚心地察纳善言，汇聚众人的智慧，使自己思虑周密，眼光深远，从而在施政时采取最佳策略，救世济民。这种“乐善之诚”的境界，实已超过了子路。

虞舜的修养又高于子路和夏禹，他是“善与人同”，依朱熹的说法，也就是“公天下之善而不为私”。什么是“公天下之善而不为私”呢？一方面是“舍己从人”，放弃私人的见解，遵从天下的公理，实践别人的善言、善行，如此“舍己从人”，别人受到鼓励，自然更加为善了；另一方面是“乐取于人以为善”，学习别人的善言、善行，自己来加以实践。实践别人的善言、善行，当然也是弘扬其善了。综合“舍己从人”和“乐取于人以为善”，就是“善与人同”。

虞舜从一介平民，从事耕、稼、陶、渔，一直到即天子位，都是这般“善与人同”，“与人为善”，影响所及，自然形成淳朴的社会和善良的风俗了。

专题活动一

探究园地

1. 孟子认为君子之教“有如时雨化之者”，请举例加以说明。
2. 什么是“私淑艾”？请举例加以说明。
3. 为学必须专心致志，不可间断，才能有成。孟子是如何阐发这个道理的？

学习成果展示

1. 阅读下面一则材料：“薛潭学讴于秦青，未尽秦青之技，自谓尽之。遂辞归。秦青弗止，饯于郊衢。抚节悲歌，声振林木，响遏行云。薛潭乃谢求反，终身不敢言归。”思考所得：从薛潭的角度来看，我们可抓住他“学讴”、“未尽秦青之技”就“辞归”，得出“要谦虚”的启示；也可从他意识到自己远未学到老师的本事而“谢求反”，总结出“知错即改”的道理。如果从老师秦青的角度来看，我们可从他面对学生的自以为是，并未发怒，而是“弗止，饯于郊衢”，且“抚节悲歌，声振林木，响遏行云”的不一般的举动中，受到“教育要讲究方法”的启发。请你从老师的角度出发写一篇800左右的作文。

2. 善言善行就是“存好心、说好话、做好事”。不以善小而不为，不以恶小而为之。善就是一心一意为他人着想，恶就是做对个人道德家庭社会乃至对国家不利的事。善言善行让我们心中怀有善念。我们践行“每日必做，日行一善”。那么怎样才能做到日行一善呢？其实就像捡起地面上的一片纸，只是弯下腰那么简单。如果在上车遇到老弱病残、孕妇，给他们让座也是在做善事。这样的善行故事很多很多，同学们，你今天做到善言善行了吗？请同学们在“善言善行 快乐你我”的主题班会上讲讲自己的善行故事。

确立标准

孟子教育的最高目标，是“成圣成贤”，而教学的最高标准，是“求其自得”。

一、论诲人以规矩

孟子曰：“羿①之教人射，必志于彀②。大匠③诲人，必以规矩④。学者亦必以规矩。”

——《告子》上·二○

章旨

孟子以射箭、工艺为喻，说明为学必须先确切把握基本方法。

注释

①**羿**：音 yì，人名，古代善射者。

②**志于彀**：用心把弓拉满。彀，音 gòu，弓满。

③**大匠**：技艺高超的工匠。

④**以规矩**：使用规矩画方圆。

析论

俗话说："师傅领进门，修行在个人。"做老师的一定是把追求知识、研究学问、涵养智慧的基本方法教给学生。学生依据老师传授的方法和指点的要领，勤下功夫，不断练习、思考和体验，才能使技艺娴熟，融会贯通，深造自得，从容中道。这样，学生不但习得学术的精华，甚至于还能激发创造力，对所学有所创获发明，对人类文化有所贡献。

在教学过程中，"志于彀"、"志于规矩"是相当重要的。孟子曰："大匠不为拙工改废绳墨，羿不为拙射变其彀率。"（《尽心》上·四一）彀与规矩是学射箭、学工艺最起码的要求。像羿那样的神射手，教弟子射箭，无论弓箭或弩箭，一定先传授张弓射箭的正确姿势和基本方法，以期集中心志，射中目标，这就是教人"必志于彀"的教学原理。至于技术老练的师傅，教学内容虽然异于神射手，但教学原理是相通的。他一定是先把工艺的基本技能教给徒弟，让徒弟操作娴熟。至于掌握诀窍、激发创意、出于蓝胜于蓝等进一步的创新和发展，那就是徒弟的本领了。

孟子强调"学者亦必以规矩"，换言之，就是指点弟子研究发展身心性命之学，必须存养本心，扩充四端，实践仁、义、礼、智等各种德目，遵循"尊德性"的规矩。等到义精仁熟之后，自能从容中道，成贤成圣。

二、学者应循序渐进

孟子曰："孔子登东山而小鲁①，登太山而小天下②。故观于海者难为水③，游于圣人之门者难为言④。观水有术，必观其澜⑤；日月有明，容光必照焉⑥。流水之为物也，不盈科不行⑦。君子之志于道也，不成章不达⑧。"

——《尽心》上·二四

章旨

孟子说明圣道大而有本，学者应立志循序渐进，通达圣道。

注释

①**孔子登东山而小鲁**：孔子登上鲁国的东山顶看鲁国，就觉得鲁国小了。东山，在今山东费县西北。小，作动词用，以……为小。下一句"登太山而小天下"的"小"，词性与此相同。

②**登太山而小天下**：登上太山顶看天下，就觉得天下小了。太山，即泰山，主峰在山东泰安县北，为五岳中的东岳。

③观于海者难为水：观看大海壮阔波澜的人，就觉得江、河、湖、潭等便难以称得上是水了。难为水，难以算得上是水。

④游于圣人之门者难为言：在圣人门下接受圣学启迪的人，就觉得天下其他的言论便不以足观了。

⑤澜：水中大波。

⑥容光必照焉：只要是能够容受光线的缝隙，一定会照得明亮。容光，容受光线的缝隙。焉，代词，指容受光线的缝隙。

⑦流水之为物也，不盈科不行：流水这种东西的特性，是不把坑洞填满就不会向前流的。盈，满。科，坎也，坑洞。

⑧君子之志于道也，不成章不达：君子立志行道，不到文理成就蓄积深厚而斐然可观的境界，是不能通达圣学的。成章，文理成就斐然可观。达，通达圣学。

析论

我们探讨学理，研习技艺，只要精进不已，往往能日新又新，提高自己的水准和境界。一旦达到较高的层次，眼界自然就开阔了。“孔子登东山而小鲁，登太山而小天下”说的就是这个道理。身在其中，往往不自觉其狭小。一旦自身学艺高明了，再回头观照，就自然有“小鲁”、“小天下”的观感。朱熹《孟子集注》对于本章发端的两句话诠释得相当中肯：“此言所处益高，则其视下益小。所见既大，则其小者不足观也。”

天下的水域中，大海是最辽阔、最壮观的。观眺大海之后，我们还会认为江河之水比大海辽阔、壮观吗？假使我们有幸成为圣人的弟子，得以饫（音 yù，饱也）闻圣道，体悟最高的智慧；那么，世间的许多俗学、俗论，还能再让我们着迷吗？“观于海者难为水，游于圣人之门者难为言。”见过最壮丽的景观，听过最高明的哲理，眼界自然就不凡了。

要研习圣道，就必须体会圣道是有本有源、广远无穷的。孟子先以观水为喻，又以日月之光来比方。大海之所以有浩渺的烟波、汹涌的涛澜，是因为大海本身的深广无涯所使然，因此孟子说：“观水有术，必观其澜。”由波澜之壮观，可以想见本体之深广。同样的道理，只要能容纳光线的缝隙，日月之光都能照到。仔细观察缝隙中的光，而日月之明为其本体也就可想而知了。然则，我们研究圣道，是否也应具备观大海、观日月的眼光呢？答案当然是肯定的。

如何研习圣道呢？孟子进而提醒世人必须脚踏实地，由浅而深，循序渐进，把圣道的全体大用深细体悟，必须如此，才能够登上圣道的顶峰，达到高远的境界。因此，孟子指点学者要取法于流水，盈科而进，细密踏实，以体现圣道。最有效的方法就是“不成章不达”。对于圣学的每一个环节都必须力求“成章”，换言之，就是对每一阶段所学的内容要蓄积深厚，求其文理成就卓然可观。如此精熟所学，就是“达”。一旦对于圣道的全体大用无不通达，“志于道”的理想也就实现了。

盈科而后进，是流水的标准；成章而后达，是求学的标准。

三、论为学应深造自得

孟子曰：“君子深造之以道①，欲其自得之也②。自得之，则居之安③；居之安，则资之深④；资之深，则取之左右逢其原⑤。故君子欲其自得之也。”

——《离娄》下·一四

章旨

孟子阐发为学之道在于自得，以达“左右逢源”的境界。

注释

①**深造之以道**：按照事物的道理，不断研究进取。造，诣、至。道，事物的道理。朱熹《孟子集注》：“深造之者，进而不已之意。”之，所学的道理。下文各“之”字的意思与此相同。

②**欲其自得之也**：要让他自己体验道理而有所得。

③**居之安**：所学的道理居处于心中，安固而不疑惑。

④**资之深**：可凭借使用的道理深远无尽。资，凭借。

⑤**取之左右逢其原**：拿身边周遭的事理来印证，都能探到其根源。朱熹《孟子集注》：“左右，身之两旁，言至近而非一处也。”逢，值、遇。原，源也，本源。

析论

孟子对“深造自得”的阐述，应该就是他自己为学的深刻体验。对本章的内容，我们若能切实理解，又身体力行，那么在钻研人文科学、社会科学、自然科学等各种学问时，就能有得心应手、触类旁通、精进不已的乐趣。

我们每天锲而不舍地探研某一学问，就是“深造”。只要是学问，就一定有其原理、方法，按照学问的原理、方法去钻研，就是“以道”。针对某一学问“深造之以道”，经过长时期的积累、精熟，自然对此一学问的本、末、精、粗了然于胸；甚至还能更上层楼，发展出高明的研究成果呢！这就是“自得之”。

“自得之”之后，就能达到以下三种境界：一是“居之安”，所学自然融入生命，信心十足，安固而无所疑惑；二是“资之深”，所学深远无尽，能有深厚的凭借，转相贯通而不穷；三是“取之左右逢其原”，所学本体深厚，源远流长，能随意触发，以身边周遭的事理来印证学理的源头。幽默大师林语堂曾说：“一个博学的学者，须把那专门的智识消化了，并且和他的人生观察联系起来，才能够用平易简明的语句把这专门智识贡献出来。”（《生活的艺术·论幽默感》）能用平易简明的言辞和例证，阐说深奥难懂的道理，或许就是得心应手、触类旁通、“左右逢源”的境界吧！

四、论为学要达于标准

孟子曰：“有为者①，辟若②掘井。掘井九仞③而不及泉，犹为弃井也。”

——《尽心》上·二九

章旨

孟子勉人为学，不达标准，绝不半途而废，否则犹为未学。

注释

①**有为者**：要有所作为。者，助词。

②**辟若**：譬如。辟，音 pì，譬也。若，如。

③**仞**：古制八尺为仞。

析论

从事任何有意义的工作，都必须秉持着一贯的恒心和毅力，朝夕惕厉，锲而不舍，才能有所成就。小则学习一技一艺，大则修身为学，开创事业，莫不如此。

哥伦布首度探险航行北大西洋时，屡遭艰险，但是他每天都在私人航海日志里写下这样的话："今天我们仍然航行，航向西南方。"当时他的船队，樯倾楫摧，险象环生，而且叛变的水手不乏其人；但是哥伦布凭着无比的勇气和信念，坚毅地完成了不可能的任务，为人类的历史写下了崭新的一页——发现了新大陆。（黄文范译《珠玑集》）哥伦布坚持理念，不为势劫，终能有成，此一事迹，正足以与本章旨趣相印证。

孟子认为为学一定要达到标准，好比挖井，没有挖到水，井就白挖的。为学达不到标准，也是白学，以此勉人做事不可半途而废。

五、论为学要根基扎实

徐子[①]曰："仲尼亟[②]称于水曰：'水哉！水哉！'何取于水也？"孟子曰："原泉混混[③]，不舍昼夜[④]，盈科而后进，放乎四海[⑤]。有本者如是，是之取尔[⑥]。苟为无本[⑦]，七、八月[⑧]之间，雨集，沟浍[⑨]皆盈。其涸也，可立而待也。故声闻过情[⑩]，君子耻之。"

——《离娄》下·一八

章旨

孟子答徐子之问，认为有本不竭，无本则涸。勉人为学要根基扎实，不可声闻过情，徒有其表。

注释

①**徐子**：徐辟，孟子的弟子。

②**亟**：音 qì，屡次。

③**原泉混混**：有源头的水不断地涌出。原泉，有源头的水。混混，水不断涌出的样子。混，音 gǔn。

④**不舍昼夜**：指水日夜不停地流。

⑤**放乎四海**：流到大海。放，音 fǎng，至。四海，四方之海。

⑥**是之取尔**：即"取是尔"，就是取这一点罢了。是，此。尔，罢了。

⑦**苟为无本**：假使是没有源头的水。苟，若。

⑧**七、八月**：周历七、八月相当于夏历五、六月。换言之，也就相当于现代农历的五、六月，正是仲夏、季夏的时序。

⑨**沟浍**：田间水道。浍，音 kuài。

⑩**声闻过情**：名气超过了实际的学养。声闻，名气。闻，音 wèn，名声。情，实情。

析论

孔子对水的称赞，见于文献记载的，不止一则。"子在川上曰：'逝者如斯夫！不舍昼夜。'"这至少包含两层含义：一是时光不停消逝，一如流水，因此君子应珍惜光阴，及时为学；二是道体的流行，就像流水一般，永不休歇，君子为学也应精进不已，止于至善。

徐辟向孟子提出“仲尼……何取于水也”的问题，就如同林放向孔子请问“礼之本”（《论语·八佾》）一样，真是“大哉问”。因此孟子层层深入地加以启发：首先是“原泉混混”，为学要为“有本之学”；接着是“不舍昼夜，盈科而后进，放乎四海”，为学千万不可躐等，必须按部就班，精进不已，以求达到至善的境界。孟子用这样的道理来指点徐辟为学之道，是非常中肯的，由此可见孟子教导学生方法之高明。

孟子不但从正面说理，他还逼紧一步，从反面设喻申论。无本之学像什么呢？像无本之水。怎样的水是无本之水呢？那就是七八月之间的倾盆骤雨，来得快，停得也快。天空油然作云，沛然下雨时，“沟浍皆盈”。然而那沟浍中的雨水不像泉水一般，时时有源头活水注入，因此，“其涸也，可立而待也”，只一会儿工夫，就蒸发干涸了。如此无本无源的沟浍之水，还能“放乎四海”，浩浩荡荡吗？为学之道是否也是如此呢？答案自然不言而喻了。

孟子畅发议论之后，用“声闻过情，君子耻之”来结束。一个人的名气超过了实际的学养，那么他的学养自然不够深厚了。学养不深，当然不是有本有源之学。只有按部就班，不断精进所学，才是君子应有的作为，假以时日，才能成为有本有源之学。如果不这么做，却想一步登天，想要提高知名度，那就是“声闻过情”，这和孔子所“取于水”的意义是背道而驰的。徐辟接受了孟子的开导，应是深有所悟而身体力行吧！

专题活动二

探究园地

1．为什么学习必须先把握基本方法？试举例加以说明。

2．为什么学习要如流水，“盈科而后进”？

3．为什么学习要“成章而达”？

拓展空间

1．研究学问，深造自得，就是自己真正有所收获，而不是为了炫耀给别人看。简言之，自得是内功，而不是招式。南郭先生滥竽充数，招式是做够了，但内功一点也没有，所以，一旦检验标准过硬，就只能溜之大吉。这是非常典型的例子。现代学者莫不以南郭先生为耻，而其行为类似南郭先生的却不在少数。他们或是“墙上芦苇，头重脚轻根底浅；山间竹笋，嘴尖皮厚腹中空”或是“拉大旗作虎皮”，以“名人”装点门面。其招式花样翻新，不一而足。你在学习的过程中是否做到深造自得，也请你列出自己类似南郭先生的做法，以便改过。

2．请结合孟子的学习要求，重新给自己制定一套学习计划和学习方法。

环境移人

环境教育对人的气质变化，影响甚深。孟子也认为好环境固然重要，但是困逆的环境，有时反而能砥砺人，使其奋发；安乐的环境，则往往会令人颓靡不振。国家的兴衰存亡，亦复如是。

一、论环境熏陶之要

孟子谓戴不胜[①]曰："子欲子之王之善与[②]？我明告子。有楚大夫于此，欲其子之齐语也，则使齐人傅诸？使楚人傅诸[③]？"曰："使齐人傅之。"曰："一齐人傅之，众楚人咻[④]之，虽日挞而求其齐也[⑤]，不可得矣。引而置之庄岳[⑥]之间数年，虽日挞而求其楚，亦不可得矣。子谓薛居州[⑦]善士也，使之居于王所，在于王所者，长幼卑尊皆薛居州也[⑧]，王谁与为不善[⑨]？在王所者，长幼卑尊皆非薛居州也，王谁与为善？一薛居州独如宋王何[⑩]？"

——《滕文公》下·六

章旨

孟子以学习语言作譬喻，说明环境对人影响之深远。

注释

①**戴不胜**：人名，战国时宋国大夫。

②**子欲子之王之善与**：您想要您的国君向善吗？之善，往善、向善。

③**使齐人傅诸？使楚人傅诸**：是让齐国人教他，还是让楚国人教他呢？傅，教也。

④**咻**：音 xiū，喧扰。

⑤**虽日挞而求其齐也**：虽然每天责备他希望他说齐国话。挞，音 tà，责打。

⑥**庄岳**：战国时齐国最繁华的街里。

⑦**薛居州**：人名，战国时宋国的善士。

⑧**在于王所者，长幼卑尊皆薛居州也**：在大王身边的人，无论年长年幼，无论地位尊卑，都是像薛居州一般的善士。

⑨**王谁与为不善**：宋王还能和哪一个人去做不善的事呢？

⑩**一薛居州独如宋王何**：一个薛居州，对宋王又能有什么影响呢？王引之《经传释词》："独，犹'将'也。"

析论

许多外国朋友来我国学中文，除了中国老师课堂上的教导之外，他们住的是中国家庭，交的是中国朋友，上的是中国饭馆。在日常生活中，他们打开电视，打开收音机，到商店购物，耳濡目染，因此他们的中文自然进步得很快。学习语言，首先注重良好的语言环境。这个道理，孟子早就如此主张了。他认为若要楚国大夫的孩子学好齐国的语言，就必须"引而置之庄岳之间数年"，让这个楚国孩子每天接受齐国语言的熏陶，假以时日，必定能说一口道地的齐国话。

学习语文，固然要重视环境；修德为学，更需讲究环境。孟子向戴不胜提出一个良策，以诱导宋国国君向善。假使在宋国国君身边的官员都是像薛居州一般的善士，那么“蓬生麻中，不扶而直”（荀子《劝学》篇），国君经常接触君子，自能向上、向善了。反之，国君如果经常接近奸佞小人，正人君子则饱受排挤，那又怎能使国君熏陶成德呢？再者，身为国君，固然应该亲近贤德之士，一般人又何尝不然呢？只有向损友发出绝交书，并且“就有道而正焉”（《论语·学而》），我们的修养才能日进于高明，我们的学问才可精益求精。环境对学习者的深远影响，由此可见。

二、论人乐有贤父兄

孟子曰：“中也养不中[①]，才也养不才，故人乐有贤父兄也。如中也弃不中，才也弃不才，则贤不肖之相去，其间不能以寸[②]。”

——《离娄》下·七

章旨

孟子认为父兄有贤德才能涵育熏陶子女。

注释

①**中也养不中**：能行中道的人，教养不合中道的人。朱熹《孟子集注》：“养，谓涵育熏陶，俟其自化也。”也，句中语气助词。

②**贤不肖之相去，其间不能以寸**：指贤德和不肖，其中的距离相差不多。所谓贤父、贤兄，若不能教养子弟，也就算不上有贤德了。其间不能以寸，指其间距离不到一寸。

析论

父（母）兄（姊）若能实践中道，那么必然是孝悌忠信、乐善不倦的人；而涵育熏陶其子弟，使他们成为优秀的人才，也是合于情理、极为自然的事。有这样贤德的父（母）兄（姊），其幸福自是不在话下。至于才华出众的父（母）兄（姊），除了自己有所成就之外，也应分一些心力、时间，以教养、栽培其子弟。须知才德、智慧兼备的人，必然会实现“己欲立而立人，己欲达而达人”的理想。对于他人，尚且要立之、达之，何况是自己的子（女）弟（妹）呢？无论是品德之熏陶，或是才学之栽培，固然是由于父兄贤才，实则良好的环境也是相当重要的。

假如只顾成就自己，对子弟却不加以教养栽培，那么纵使自己能守中道，有才德，这种人和那些不能守中道又没有才德的人，实在也没有多大差别。就像今天社会上有很多家庭，父母在才德上都很有成就，但他们却整天忙着事业应酬，无暇以其才德、学问熏陶子女，而子女得不到良好的家庭教育熏陶，沾染上许多恶习。果真如此，则为人父母者，实在难辞其咎。

三、论生于忧患，死于安乐

孟子曰：“舜发于畎亩之中[①]，傅说举于版筑之间[②]，胶鬲举于鱼盐之中[③]，管夷吾举于士[4]，孙叔敖举于海[5]，百里奚举于市[6]。故天将降大任于是人也，必先苦其心志，劳其筋骨，饿其体肤[7]，空乏其身[8]，行拂乱其所为[9]，所以动心忍性[10]，曾益其所不能。人恒过，然后能改。困于心，衡于虑，而后作。征于色，发于声，而后喻。入则无法家拂士，出则无敌国外患者，国恒亡。然后知生于忧患，死于安乐也。”

——《告子》下·一五

章旨

孟子借圣贤兴起、国家存亡的事例，说明“生于忧患，死于安乐”的道理：忧患的环境，可以使人困心衡虑，动心忍性；安乐的环境，则会使人苟且偷安，生活糜烂。

注释

①**舜发于畎亩之中**：舜发迹于历山的田野中。畎亩，田野。畎，音 quǎn，田沟。亩，田垄。

②**傅说举于版筑之间**：傅说在捣土筑墙的生涯中被殷高宗所举用。傅说，殷代贤士，隐于版筑，殷高宗举以为相，国大治。说，音 yuè。版筑，古人筑墙的方法，以版夹土，将土捣实以筑墙。

③**胶鬲举于鱼盐之中**：胶鬲在贩售鱼、盐的市场中被周文王举用。胶鬲，殷代贤臣，遭纣之乱，隐世经商，周文王知其贤而加以举用。鬲，音 gé。

④**管夷吾举于士**：管仲在牢狱中被齐桓公举用。管夷吾，字仲，齐桓公尊称他为“仲父”，谥敬。士，狱官，此处指狱官所掌理的囚系人犯之事。

⑤**孙叔敖举于海**：孙叔敖隐居在海边耕种，被楚庄王举用为令尹。孙叔敖，字叔，名敖。春秋时楚国人。

⑥**百里奚举于市**：百里奚在交易货物的市场中被秦穆公所举用。百里奚，春秋时人。原来任虞国大夫，晋献公消灭虞国，俘虏了百里奚。而后百里奚逃到宛，被楚国人抓到，秦穆公听说他有贤能，用五张黑羊皮把他赎回，授以国政，辅佐秦七年而秦称霸。

⑦**饿其体肤**：让他身体受到饥饿。

⑧**空乏其身**：使他困穷。空乏，穷困缺乏。

⑨**行拂乱其所为**：做事时，拂逆扰乱他的所作所为。行，行事。拂，违戾。

⑩**动心忍性**：耸动他的心志，使他的性情坚忍。动，耸动、警动。

析论

孟子综观古史，发现虞舜、傅说、胶鬲、管仲、孙叔敖、百里奚都是早年遭逢艰困，备受煎熬的大家。然而，这六位圣贤都是刚毅坚忍，不屈不挠，以恶劣的处境为熔炉，自我淬砺，以横逆的人、事为养分，涵养智慧。他们最终通过严格的考验，步入提高人生的境界，或成为仁民爱物的帝王，或成为辅弼君王的贤臣，对天下、国家及历史文化各作出其卓越而深远的贡献。

于是，孟子进而提出相当深刻的阐释。他认为像虞舜、傅说等这样的圣贤之所以饱经忧患，备历艰困，是上天“将降大任于是人”。肩负上天所交付的重责大任（启迪民众，安定天下的责任），必须接受怎样的磨炼呢？孟子昭示世人：“必先苦其心志，劳其筋骨，饿其体肤，空乏其身，行拂乱其所为。”换句话说，也就是“动心忍性，曾（增）益其所不能”。人的潜力是很大的，圣贤的潜力更是可以不断开发。越是环境艰困，越是横逆当前，就越能激发出潜藏在生命深处的能力和智慧。一旦他们丰富了阅历，恢弘了气魄，充实了学养才能，锻炼了道德修为，因缘际会，得遇英主，自能成就大格局、大事业。

至于一般人，是否也要历经磨炼，才能成长、成熟，从而有所作为呢？答案当然是肯定的。从“人恒过”到“而后喻”这八句，就是针对一般人来说的。一般人还未成为圣贤，自然难免犯过。当他们遭逢事穷势蹙的际遇，自然会心中郁结，思路不畅了。经过深思力索，终于想通了，于是奋然兴起，有所改善，有所作为。当他们犯了言行之过，别人的不满、怨怒之气，或者形于脸色和眼神，或者发于声音和言辞。察觉别人的辞色，于是心中有所警悟，从而知过、改过。像这样不断地“困于心，衡于虑”，“征于色，发于声”，虽然本身原非圣贤，但是假以时日，也能培养相当的才智，发奋图强，而有所作为了。

个人的人生，固然是“生于忧患，死于安乐”，国家的兴亡，也是同样的道理。在政府中，如果缺少老成谋国、能遵守大经的大臣，缺少忠肝义胆、具有大智慧、骨鲠端方的辅弼之臣，必然是小人道长，国家日益沉沦。在国际间，如果没有强敌环伺，虎视眈眈，那么这种群小当道、君臣怠弛的政权，其前途也就不言而喻了。

专题活动三

探究园地

1. 学习语言，必须安排怎样的环境？

2. 请描述你心目中理想的教育环境。

3. 孟子说：“人乐有贤父兄。”原因何在？你对这句话有何感想？

拓展空间

1. 在求学的生涯中，你曾有过“动心忍性”的经验吗？这样的经验，对你有什么启示？请扼要加以叙述。

2. 请举例说明“生于忧患，死于安乐”的道理。

学习成果展示

《三字经》中有“昔孟母，择邻处；子不学，断机杼”的传诵名句，孟母的“三迁择邻”、“断机教子”等脍炙人口的故事，成为千百年来中国妇孺皆知的历史佳话，成为天下母亲教育子女的样本故事。

除此之外，“近朱者赤，近墨者黑”也是一句流行了很久的俗语，人们也常常视它为真理。有这么一个故事：一个小伙伴得了很容易传染的皮肤病，许多家长都告诉自己的孩子不要和他在一起，但是有一个父母都是医生的小男孩却一如既往地和小伙伴一起上下学，一起玩耍。有一位好心的邻居提醒他，他说：“如果我是健康的，我不怕别人传染；如果我是好人，我不怕别人教我学坏，因为好人是不会学坏的。”果真，直到患病的小伙伴痊愈了，小男孩也没有被传染上。读完这个故事，你是否有疑惑了：近墨者必黑吗？

近墨者到底黑不黑？就此问题，班上同学分为两组，开展辩论赛。

政 治

孟子政治思想的主轴在于“保民”，民为邦本，无人民即无国家、无社稷，国君与社稷也都是为保民而立的。而保民之道，在于制民恒产，使其养生丧死无憾。如果国君不能保民，人民无法安居乐业，那要国君何用？所以孟子主张如果国君不能尽责的话就可以“变置”。这种“民贵君轻”的主张在孟子的政治思想中最为重要。

为方圆必因规矩，因势利导，自然易行，先王之法制，犹如规矩，行之既久，又复有效，因之而行可事半功倍，所以孟子主张为政必须“因先”，但他也认为“徒善不足以为政，徒法不能以自行”（《离娄》上·一）。仅有先王良法，而无贤者推展，也是难以发挥功效的，所以国君必须尊重与重用贤者，得其所能以治国，由此可见孟子兼顾法治与人治、“因先尊贤”的政治理念。

战国时代，诸侯穷兵黩武，兵连祸结，民不聊生。孟子有见及此，极力反对战争，举凡耸动国君，自称“能为君辟土地，充府库”、“能为君约与国，战必克”的人，孟子皆视之为“民贼”。他认为人君只要以不忍人之心，行不忍人之政，即可保民而王，“仁者无敌”。

民贵君轻

在孟子的政治思想中，人民是构成国家的基本要素。君主与社稷都是为民而立的，如果君主与社稷之神不能尽其职，就应该更置。桀、纣为残贼之君，乃为一夫而被杀，“汤放桀”一章由此阐发民贵君轻之义。天下既以民为贵，得民心者得天下，故又有“桀、纣之失天下也，失其民”者。君王不免有私好，若能与民同好，依然可以王天下，而“庄暴见孟子”章，正是与民同乐之旨。“齐桓晋文之事”章则论保民而王，虽言王事，却同样体现了“以民为贵”的思想。王化之本，在于养生丧死无憾，然后导之以礼义，故以“寡人之于国”章次之。君若能以民为贵，施行仁政，则民能亲其上而死其长，故终以“邹与鲁哄”章。

一、民为贵

孟子曰：“民为贵，社稷①次之，君为轻。是故得乎丘民②而为天子，得乎天子为诸侯，得乎诸侯为大夫。诸侯危社稷，则变置。牺牲既成③，粢盛④既洁，祭祀以时⑤，然而旱干水溢，则变置社稷。”

——《尽心》下·一四

章旨

孟子主张以民为贵，社稷、君主皆因民而立，若其不能尽护民之职，则不妨更置。

注释

①**社稷**：土谷之神。社，土地之神；稷，五谷之神。古代帝王、诸侯建国之后，往往立坛祭祀社稷，以祈丰年，后以“社稷”作国家代称。

②**丘民**：人民。赵岐《孟子注》：“丘民犹言邑民、乡民、国民也。”

③**牺牲既成**：祭祀所用的牲畜养得很肥美。牛、羊、豕等，色纯者为“牺”，完整者叫“牲”，肥美者称“成”。

④**粢盛**：音 zī chéng，祭祀所用的黍稷。黍稷曰“粢”，在器曰“盛”。

⑤**祭祀以时**：按照时间祭拜。

析论

在两千多年前君权至上的时代，孟子就有“民为贵”的民本思想，强调“得乎丘民而为天子”，认为国君为民而立，这是难能可贵的。

国以民为本，没有人民，哪来国君！所以孟子说“君为轻”。推而论之，诸侯是天子所封，大夫是诸侯所命，其尊贵又比不上天子，更比不上社稷之神，因而孟子大声疾呼：如果诸侯、大夫治国、治邦，危及社稷、国家，社稷之神不能尽其保民之责，就可以更立。他借此警告国君，没有人民拥护，就会失去他的权柄，一切转眼成空。天下国君，若知反省，又怎么敢自尊自大？孟子此时早已经将君权、神权压下，而将人民高高举起了。

当今社会仍然不乏一些官僚，借助自己的权势作威作福，鱼肉百姓，这些人不能认识人民的作用，即使能够逞威一时，也终将被时代、被人民所淘汰。

二、汤放桀

齐宣王[①]问曰：“汤放桀[②]，武王伐纣[③]，有诸？”孟子对曰：“于传[④]有之。”曰：“臣弑[⑤]其君，可乎？”曰：“贼[⑥]仁者谓之贼，贼义者谓之残。残贼之人谓之一夫[⑦]。闻诛一夫纣矣，未闻弑君也。”

——《梁惠王》下·八

章旨

孟子指斥桀、纣是残贼仁义的暴君，人人得而诛之，也以此警示国君，不要贼仁害义，成为这样的“独夫”。

注释

①**齐宣王**：姓田，名辟疆，谥号宣。齐威王之子，在位十九年（公元前 319 年至公元前 301 年）。

②**汤放桀**：商汤流放夏桀。汤，殷商开国国君。桀，夏朝末代君主。放，流放。

③**武王伐纣**：周武王讨伐殷纣王。武王，周朝开国国君。纣，商朝末代君主。伐，讨伐。

④**传**：音 zhuàn，典籍、史书。

⑤**弑**：臣下杀害君上。

⑥**贼**：伤害，动词。

⑦**一夫**：独夫，没有群众支持的暴君。

析论

齐宣王质疑汤放桀、武王伐纣是以下犯上的举动，且深不以为然；孟子则认定桀、纣都是贼仁、贼义之徒，没有民众支持的独夫，君若不君，便不能责怪臣之不臣，所以讨伐、流放他们，并无不可。的确，贼仁贼义的暴君，只会给天下带来动乱，误引苍生入万劫不复之境，这种人迟早会成为众叛亲离、亡国丧生的独夫，如桀、纣等身死为天下笑的暴君，就是如此。

三、得民心者得天下

孟子曰："桀、纣之失天下也，失其民也。失其民者，失其心也。得天下有道，得其民，斯得天下矣；得其民有道，得其心，斯得民矣；得其心有道，所欲与之聚之[①]，所恶勿施尔也[②]。民之归仁也，犹水之就下，兽之走圹[③]也。故为渊驱鱼者，獭也[④]；为丛驱爵者，鹯也[⑤]；为汤、武驱民者，桀与纣也。今天下之君有好仁者，则诸侯皆为之驱矣；虽欲无王，不可得已。今之欲王者，犹七年之病，求三年之艾[⑥]也。苟为不畜，终身不得[⑦]。苟不志于仁，终身忧辱，以陷于死亡。《诗》云：'其何能淑？载胥及溺[⑧]。'此之谓也。"

——《离娄》上·九

章旨

孟子认为君主应力行仁政，体察民心，聚民所欲，去民所恶，这是得民心，成王业的唯一道路。

注释

①**所欲与之聚之**：人民想要的，为他们聚集起来。与，音 yǔ，为、替。

②**尔也**：如此而已。

③**圹**：通"旷"，旷野。

④**为渊驱鱼者，獭也**：将鱼驱赶到深渊中的是水獭。獭，音 tǎ，水獭在浅水处活动，喜欢吃鱼类。

⑤**为丛驱爵者，鹯也**：将雀鸟驱赶到丛林中的是鹯鸟。爵，音 què，通"雀"。鹯，音 zhān，喜欢吃雀鸟的猛禽。

⑥**七年之病，求三年之艾**：生了七年的病，要寻求收藏三年的干艾草来治病。艾，草名，其叶可用以灸，干久益佳。

⑦**苟为不畜，终身不得**：如果平时不储存的话，就一辈子无法得到艾草了。畜，音 xù，通"蓄"，储备。

⑧**《诗》云："其何能淑？载胥及溺。"**：《诗经·大雅·桑柔》说："他能有什么好表现呢？只会让我们跟他一起淹死罢了。"淑，善。载，则。胥，相。

析论

孟子认为"得民心者得天下"，批评时君不致力于仁政，终将陷于灭亡。他这一政治理念与“民贵君轻”的主张是一致的。人民就是金字塔的基底，广大而稳固，没有这个坚实的基础，再高、再精致的建筑都支撑不住，夏桀、商纣就是因为失去人民的支持而丢了天下。人君若能得到人民的爱戴与拥护，无疑就拥有了最宝贵的政治资源。而得民心的方法是施行仁政，其具体的方向在于：人民想要的，为他们聚集；人民厌恶的，不要施加在他们身上。一个懂得行仁政、聚民心的君主，得天下是必然的。“三代之得天下也以仁，其失天下也以不仁。国之所以废兴存亡者亦然。”（《离娄》上·三）汤、武取代桀、纣之暴而王天下，就是这个道理。

虽然古有明训，殷鉴不远，但当时的诸侯却往往置若罔闻，无视仁政的重要性。即使发现了问题所在，仍然不懂践行仁政，结局自然免不了灭亡的悲剧。

四、庄暴见孟子

庄暴①见孟子，曰：“暴见于王②，王语③暴以好乐④，暴未有以对⑤也。”曰：“好乐何如？”孟子曰：“王之好乐甚，则齐国其庶几乎⑥！”

他日，见于王曰：“王尝语庄子以好乐，有诸？”王变乎色，曰：“寡人非能好先王之乐也，直⑦好世俗之乐耳。”曰：“王之好乐甚，则齐国其庶几乎！今之乐由⑧古之乐也。”

曰：“可得闻与？”曰：“独乐乐，与人乐乐，孰乐⑨？”曰：“不若与人。”曰：“与少乐乐，与众乐乐，孰乐？”曰：“不若与众。”

“臣请为王言乐，今王鼓乐于此，百姓闻王钟鼓之声，管籥⑩之音，举⑪疾首蹙頞⑫曰：‘吾王之好鼓乐也，夫何使我至于此极也？父子不相见，兄弟妻子离散。’今王田猎⑬于此，百姓闻王车马之音，见羽旄之美，举疾首蹙頞而相告曰：‘吾王之好田猎也，夫何使我至于此极⑭也？父子不相见，兄弟妻子离散。’此无他，不与民同乐也。今王鼓乐于此，百姓闻王钟鼓之声，管籥之音，举欣欣然有喜色曰：‘吾王庶几无疾病与？何以能鼓乐也？’今王田猎于此，百姓闻王车马之音，见羽旄⑮之美，举欣欣然有喜色而相告曰：‘吾王庶几无疾病与？何以能田猎也？’此无他，与民同乐也。今王与百姓同乐，则王矣。”

——《梁惠王》下·一

章旨

孟子听闻齐宣王好乐，遂因势利导，鼓励宣王施行仁政，与民同乐。

注释

①**庄暴**：齐宣王臣子名。

②**暴见于王**：庄暴觐见齐宣王。

③**语**：音 yù，动词，告诉。

④**好乐**：喜欢音乐。好，音 hào，动词。

⑤**未有以对**：没有话好作回应。

⑥**其庶几乎**：大概有希望吧。其，大概。庶几，希望。

⑦**直**：只是。

⑧**由**：通“犹”，相类似。

⑨**独乐乐，与人乐乐，孰乐**：自己听音乐的快乐，比起和大家听音乐的快乐，哪一种

更快乐？乐乐，音 yuè lè，乐，音 yuè 时作动词用，指聆听音乐。

⑩**管籥**：笙、笛一类的管乐器。管，笙。籥，音 yuè，短笛。

⑪**举**：皆，都。

⑫**疾首蹙頞**：皱着眉头，感到头痛。蹙，音 cù，紧缩。頞，音 è，鼻梁。

⑬**田猎**：打猎。田，通“畋”，猎也。

⑭**至于此极**：沦落到这样惨极的地步。极，指穷蹙至极。

⑮**羽旄**：旗帜。羽，雉羽。旄，音 máo，牦牛尾。可作旗杆上的毛饰，因借代为旗帜。

析论

本文分四段。首段记述孟子听说齐宣王喜欢听音乐，打算利用机会进谏，可以看出无论任何事件任何场合，孟子都会把握住进谏的机会；第二段叙述宣王闻言惭愧自己只喜俗乐，不喜先王之乐，孟子则巧妙地化解对方的托辞，继续谈话主题，并告之音乐不由今古、雅俗定高下，却由独享、共赏见差异，暗示宣王施政必须以民意为考量；第三段孟子设问题引导宣王自行体认与民共享的重要性，诱导他真切地关怀人民；最后一段，孟子设譬，借人民的直接反应加以说明，让宣王解悟施政只要能以民意为重，便能获得拥护。

孟子主张今乐、古乐不必作区分，重点在告诉宣王凡事必须以民为重，才能得民心；民心既聚，才得人和；否则即使是演奏古圣王的乐曲，人民也会闻之而疾首蹙额，不仅无补于治，还可能引发民怨。不拘形式、直指本质的言辩技巧，一切行政皆以人民为重心的施政原则，是孟子在本文中给予后世的珍贵礼物。

五、齐桓晋文之事

齐宣王问曰：“齐桓、晋文之事①，可得闻乎？”

孟子对曰：“仲尼之徒，无道②桓、文之事者，是以后世无传焉，臣未之闻也。无以③，则王乎④！”

曰：“德何如，则可以王矣？”

曰：“保民⑤而王，莫之能御⑥也。”

曰：“若寡人者，可以保民乎哉？”

曰：“可！”

曰：“何由知吾可也？”

曰：“臣闻之胡龁⑦曰：‘王坐于堂上，有牵牛而过堂下者。’王见之，曰：‘牛何之？’对曰：‘将以衅钟⑧。’王曰：‘舍之！吾不忍其觳觫⑨若无罪而就死地。’对曰：‘然则废衅钟与？’曰：‘何可废也！以羊易之。’不识有诸？”

曰：“有之。”

曰：“是心足以王矣！百姓皆以王为爱⑩也，臣固知王之不忍⑪也。”

王曰：“然，诚有百姓者。齐国虽褊小⑫，吾何爱一牛！即不忍其觳觫若无罪而就死地，故以羊易之也。”

曰：“王无异⑬于百姓之以王为爱也。以小易大，彼恶知之⑭？王若隐⑮其无罪而就死地，则牛羊何择⑯焉？”

王笑曰："是诚何心哉？我非爱其财而易之以羊也。宜乎百姓之谓我爱也。"

曰："无伤[17]也，是乃仁术[18]也。见牛未见羊也。君子之于禽兽也，见其生，不忍见其死；闻其声，不忍食其肉，是以君子远庖厨[19]也。"

王说[20]曰："《诗》云：'他人有心，予忖度之。'[21]夫子之谓也。夫我乃行之，反而求之，不得吾心；夫子言之，于我心有戚戚焉[22]。此心之所以合于王者，何也？"

曰："有复[23]于王者曰：'吾力足以举百钧[24]，而不足以举一羽；明足以察秋毫之末[25]，而不见舆薪[26]。'则王许[27]之乎？"

曰："否！"

"今恩足以及禽兽，而功不至于百姓者，独何与？然则一羽之不举，为不用力焉；舆薪之不见，为不用明焉；百姓之不见保，为不用恩焉。故王之不王，不为也，非不能也。"

曰："不为者与不能者之形，何以异？"

曰："挟太山以超北海[28]，语人曰：'我不能。'是诚不能也。为长者折枝[29]，语人曰：'我不能。'是不为也，非不能也。故王之不王，非挟太山以超北海之类也；王之不王，是折枝之类也。老吾老，以及人之老[30]；幼吾幼，以及人之幼[31]，天下可运于掌[32]。《诗》云：'刑于寡妻，至于兄弟，以御于家邦。'[33]言举斯心，加诸彼[34]而已！故推恩足以保四海，不推恩无以保妻子。古之人[35]所以大过人[36]者，无他[37]焉，善推其所为而已矣。今恩足以及禽兽，而功不至于百姓者，独何与？权[38]，然后知轻重；度[39]，然后知长短，物皆然，心为甚[40]，王请度之！抑[41]王兴甲兵，危士臣，构怨[42]于诸侯，然后快于心与？"

王曰："否！吾何快于是？将以求吾所大欲[43]也。"

曰："王之所大欲，可得闻与？"王笑而不言。

曰："为肥甘[44]不足于口与？轻煖[45]不足于体与？抑为采色不足视于目与？声音不足听于耳与？便嬖[46]不足使令于前与？王之诸臣，皆足以供之，而王岂为是哉？"

曰："否！吾不为是也！"

曰："然则王之所大欲可知已：欲辟土地，朝秦、楚[47]，莅[48]中国，而抚四夷也。以若所为[49]，求若所欲，犹缘木而求鱼[50]也。"

王曰："若是其甚与[51]！"

曰："殆有甚焉[52]！缘木求鱼，虽不得鱼，无后灾；以若所为，求若所欲，尽心力而为之，后必有灾。"

曰："可得闻与？"

曰："邹人与楚人战，则王以为孰胜？"

曰："楚人胜。"

曰："然则小固不可以敌大，寡固不可以敌众，弱固不可以敌强。海内之地，方千里者九[53]；齐集有其一[54]。以一服八，何以异于邹敌楚哉？盖亦反其本矣[55]！今王发政施仁，使天下仕者皆欲立于王之朝，耕者皆欲耕于王之野，商贾[56]皆欲藏[57]于王之市，行旅皆欲出于王之涂，天下之欲疾[58]其君者，皆欲赴愬[59]于王。其若是[60]，孰能御之？"

王曰："吾惛[61]，不能进于是矣。愿夫子辅吾志，明以教我。我虽不敏，请尝试之。"

曰："无恒产[62]而有恒心[63]者，惟士为能。若民，则无恒产，因无恒心；苟无恒心，放辟邪侈[64]，无不为已。及陷于罪，然后从而刑之，是罔民[65]也。焉有仁人在位，罔民而可为也？是故明君制民之产[66]，必使仰足以事父母，俯足以畜妻子；乐岁[67]终身饱，凶年免于死亡。然后驱而之[68]善，故民之从之也轻[69]。今也制民之产，仰不足以事父母，俯不足以畜妻子；乐岁终身苦，凶年不免于死亡。此惟救死而恐不赡[70]，奚暇[71]治礼义哉？王欲行之，则盍反其本矣！五亩之宅，树之以桑，五十者可以衣帛矣；鸡豚[72]狗彘[73]之畜[74]，无失其时，七十者可以食肉矣；百亩之田，勿夺其时[75]，八口之家，可以无饥矣；谨庠序[76]之教，申之以孝悌之义，颁白者[77]不负戴[78]于道路矣。老者衣帛食肉，黎民不饥不寒，然而不王者，未之有也！"

——《梁惠王》上·七

章旨

孟子劝请齐宣王放弃霸业野心，以不忍人之心，行不忍人之政，保民而王天下。

注释

①**齐桓、晋文之事**：齐桓公、晋文公称霸诸侯的事迹。齐桓公，姓田，名小白，齐襄公之弟。襄公无道，小白出奔莒，襄公被弑后归国即位，用管仲为相，尊周室，攘夷、狄，九合诸侯，一匡天下，为春秋五霸之一。晋文公，姓姬，名重耳，晋献公的次子。献公宠爱骊姬，杀太子申生，重耳奔狄。献公既卒，数传至怀公圉（音 yǔ），秦穆公怨圉，乃求得重耳，发兵攻晋，纳重耳为晋侯。晋文公任用贤人，国力大盛，继齐桓公为诸侯盟主。

②**道**：谈论。

③**无以**：不得已。以，通"已"，止的意思。

④**则王乎**：就谈论称霸天下之道吧！王，音 wàng，指称霸天下之道，谓以仁义治国而统有天下。

⑤**保民**：保护百姓。

⑥**御**：阻止。

⑦**胡龁**：齐宣王之近臣。龁，音 hé。

⑧**衅钟**：祭钟。新钟铸成，杀牲取血，涂其孔隙而祭。

⑨**觳觫**：恐惧战栗的样子。觳觫，音 hú sù。若，助词，相当于"然"。

⑩**爱**：吝啬、爱惜。

⑪**不忍**：指恻隐之心。

⑫**褊小**：狭小。褊，音 biǎn。

⑬**异**：讶异、惊怪。

⑭**彼恶知之**：百姓怎么知道它。彼，指百姓。恶，音 wū，何，怎么。之，指齐宣王以小易大的心意。

⑮**隐**：痛惜，怜悯。

⑯**择**：分别。

⑰**无伤**：没有妨害。

⑱**仁术**：为仁的心术。

⑲**远庖厨**：远离厨房。

⑳**说**：通"悦"。

㉑**《诗》云："他人有心，予忖度之。"**：《诗经·巧言·小雅》篇说："别人有什么心

事，我能揣摩出来。”忖度，音 cǔn duó，思量揣测。

㉒**戚戚焉**：心动的样子，即心有同感。

㉓**复**：报告。

㉔**百钧**：三千斤，喻至重。钧，三十斤。

㉕**秋毫之末**：鸟兽到秋季，为了过冬御寒而新生毫毛，其末端极为细小。喻细而难见。

㉖**舆薪**：一车的薪柴，喻大而易见。

㉗**许**：相信。

㉘**挟太山以超北海**：挟着泰山跃过北海。比喻不可能之事。太山，即泰山，在齐国南面，为五岳中的东岳。超，跃过。北海，即渤海，在齐国北面。

㉙**为长者折枝**：替长辈折取草木之枝。喻不难之事。

㉚**老吾老，以及人之老**：尊敬自己的父兄长辈，从而推广到尊敬别人的父兄长辈。前一个“老”字为动词，尊敬。后两个“老”字为名词，父兄长辈。及，至。

㉛**幼吾幼，以及人之幼**：爱护自己的子弟晚辈，从而推广到爱护别人的子弟晚辈。前一个“幼”字为动词，爱护。后两个“幼”字为名词，子弟晚辈。

㉜**运于掌**：运转于手掌上。喻极其容易。

㉝**《诗》云：“刑于寡妻，至于兄弟，以御于家邦。”**：《诗经·大雅·思齐》篇说：“文王能修身作为妻子的模范，再推广到兄弟的身上，更推广到治理国家。”刑，同“型”，典型、模范。寡妻，国君谦称自己为寡人，谦称其妻为寡妻。御，治理。

㉞**举斯心，加诸彼**：以此不忍的仁心，加之于别人身上。诸，之于。

㉟**古之人**：指古代的圣王。

㊱**大过人**：远胜过常人。

㊲**无他**：没有别的（原因）。

㊳**权**：用秤称量物品。权，秤锤，此处用其引申义。

㊴**度**：音 duó，用尺丈量物品。

㊵**物皆然，心为甚**：物品的轻重长短，都要经过权与度才能知道；心的善恶是非，更要经过衡量。

㊶**抑**：相当于口语的“还是”、“或者”。

㊷**构怨**：结怨。

㊸**所大欲**：最大欲望的所在。

㊹**肥甘**：肥美甘甜的食物。

㊺**轻煖**：轻软保暖的衣服。煖，通“暖”。

㊻**便嬖**：音 pián bì，便佞宠幸的亲近者。

㊼**朝秦、楚**：使秦、楚来朝。

㊽**莅**：君临、统治。

㊾**以若所为**：以如此的作为。若，如此。所为，指功不至于百姓。

㊿**缘木而求鱼**：爬到树上去捉鱼。喻不可能。缘，攀爬。

51**若是其甚与**：像这样比喻，恐怕太严重了吧！是，代词，指“犹缘木而求鱼”的比喻。其，语气助词，恐怕。与，通“欤”。

52殆有甚焉：恐怕比缘木求鱼更严重。殆，恐怕。焉，于此，此指缘木求鱼。

53海内之地，方千里者九：天下一千里见方的土地有九个。海内，四海之内，即天下。方千里，一千里见方。一州方千里。古人认为中国内有九州，外有四海。

54齐集有其一：齐国土地集合起来，有天下的九分之一，共方千里。其，代词，指上文“方千里者九”。

55盖亦反其本矣：何不回到王天下的根本上来。盖，音 hé，通“盍”，何不。亦，助词，无义。其，代词，指上文“则王乎”之“王”。

56商贾：商人的统称。贾，音 gǔ。

57藏：储藏货物。此指做生意。

58疾：怨恨。

59赴愬：跑来诉苦。赴，奔赴。愬，音 sù，通“诉”。

60其若是：发政施仁的结果像这样。其，代词，指发政施仁的结果。若，像。是，代词，指“天下仕者皆欲立于王之朝……皆欲赴愬于王”。

61惛：通“昏”，昏乱不明。

62恒产：可以长久营生的产业。

63恒心：人所常有的善心。

64放辟邪侈：放肆、乖僻、淫邪、奢侈。

65罔民：陷害百姓。罔，“网”之古字，此处作动词，张网捕捉之意。

66制民之产：制定人民的产业。

67乐岁：丰年。

68之：往、向。

69轻：容易。

70不赡：力有所不及。赡，音 shàn，足。

71奚暇：音 xī xiá，怎么有闲暇。奚，何、怎么。暇，闲暇。

72豚：音 tún，小猪。

73彘：音 zhì，猪。

74畜：音 xù，饲养。

75勿夺其时：不要剥夺人民耕种的时机。

76庠序：古代学校的名称，殷曰序，周曰庠。庠，音 xiáng。

77颁白者：头发花白的老人。颁白即斑白。

78负戴：以背负，以头顶。

析论

本章全文都是齐宣王和孟子的对话。齐宣王希望孟子为他讲述春秋霸主齐桓、晋文的事迹，但孟子不愿谈霸道，却委婉曲折地向他谈王道，情节波澜起伏，跌宕有致。

本章依照对话的内容，大致可分为四个段落：

第一段从文首至“是以君子远庖厨也”，孟子肯定了齐宣王以羊易牛的“仁术”，认为他可以保民而王。第二段从“王说曰：《诗》云”至“然后快于心与”，孟子晓谕宣王推恩足以保四海，宣王之不能王天下，是不为，而非不能。第三段从“王曰：否，吾何快于是”至“其若是，孰能御之”，孟子分析王之所大欲，若顺欲而为，必有后灾；只有施仁政，方能无敌于天下。第四段从“王曰：吾惛，不能进于是矣”至文末，孟子谈仁政之要在养、教二端，并提出仁政蓝图。

阅读本章，需留意几点：

一、宣王时代，诸侯争为雄长，宣王也不例外，一心想“辟土地，朝秦、楚，莅中国，而抚四夷”，这是标准的霸业行径。孟子主张王道，不主张霸业，对于宣王的齐桓、晋文之问，他并非不知，只是不愿谈，所以很委婉地加以拒绝，而转入王道的讨论。

二、儒家的政治理念是君王由修身做起，进而齐家、治国、平天下，而仁心是最根本的条件。像齐宣王不忍牛无罪而就死地，就是仁心的表现，而孟子及时以“仁术”肯定宣王以羊易牛之举，用意在于诱导宣王推仁心，行仁政，进而“推恩足以保四海”。

三、仁政之要，在养、教二端。就重要性说，教为本；就施政程序说，养为先。因为一般百姓，无恒产就无恒心，所以明君制民之产，要能俯仰无缺。由养而教，是孟子理想中的仁政蓝图，实际上是承孔子“既富而教、足食而信”的治道原则。

本章中，“君子远庖厨”、“明察秋毫，不见舆薪”、“老吾老，以及人之老；幼吾幼，以及人之幼”、“缘木求鱼”、“无恒产、无恒心”、“乐岁终身苦，凶年不免于死亡”等语句，有的已成为成语，有的已成为思想史上的名言，值得我们多去研读、熟诵。

六、寡人之于国

梁惠王[①]曰：“寡人之于国也，尽心焉耳[②]矣！河内[③]凶，则移其民于河东[④]，移其粟于河内；河东凶，亦然。察邻国之政，无如寡人之用心者；邻国之民不加少[⑤]，寡人之民不加多，何也？”

孟子对曰：“王好战，请以战喻：填然[⑥]鼓之，兵刃既接，弃甲曳兵[⑦]而走[⑧]，或百步而后止，或五十步而后止。以五十步笑百步，则何如？”

曰：“不可，直[⑨]不百步耳，是亦走也！”

曰：“王如知此，则无望民之多于邻国也。不违农时[⑩]，谷不可胜食[⑪]也；数罟[⑫]不入洿池[⑬]，鱼鳖不可胜食也；斧斤[⑭]以时入山林，材木不可胜用也。谷与鱼鳖不可胜食，材木不可胜用，是使民养生丧死[⑮]无憾也。养生丧死无憾，王道之始也。五亩之宅，树之以桑，五十者可以衣帛矣；鸡豚狗彘之畜，无失其时，七十者可以食肉矣；百亩之田，勿夺其时，数口之家，可以无饥矣；谨庠序之教，申之以孝悌之义，颁白者不负戴于道路矣。七十者衣帛食肉，黎民不饥不寒，然而不王者，未之有也。狗彘食人食而不知检[⑯]，涂有饿莩[⑰]而不知发[⑱]。人死，则曰：‘非我也，岁[⑲]也。’是何异于刺人而杀之，曰：‘非我也，兵也。’王无罪[⑳]岁，斯天下之民至焉。”

——《梁惠王》上·三

章旨

孟子以战为喻，告诉梁惠王，王道之始在于使人民养生丧死而无憾；再教之以礼义，人民自然乐于归附，王道自然有成。

注释

①**梁惠王**：即魏惠王，姓魏，名罃，音 yīng，“惠”为其谥号。

②**焉耳**：即“焉尔”，于是。焉，指称词，指国家。

③**河内**：地名，今河南黄河以北之地，旧时通称河内。

④**河东**：地名，今山西境内黄河以东之地，旧时称为河东。

⑤**加少**：更少。

⑥**填然**：鼓声。

⑦**曳兵**：拖着兵器。曳，音 yè，拖拉。

⑧**走**：奔逃。

⑨**直**：但、只是。

⑩**不违农时**：不妨碍人民耕种收获的时节。

⑪**不可胜食**：言食之不尽。胜，音 shēng，尽。

⑫**数罟**：音 cù gǔ，细密的渔网。

⑬**洿池**：洼下的池子。洿，音 wū。

⑭**斤**：斧头的一种。

⑮**丧死**：为死者治丧。丧，音 sāng，动词。

⑯**狗彘食人食而不知检**：谓狗猪牲畜吃人所吃的食物，执政者却不知道在此时加以约束、制止。检，通“敛”，敛制，节制约束。

⑰**莩**：音 piǎo，通“殍”，饿死的人。

⑱**发**：开仓赈济。

⑲**岁**：年岁收成，此处指凶岁。

⑳**罪**：归罪。

析论

梁惠王自以为尽心于国政，但是遗憾于不能吸引人民的归附，因此向孟子请教。孟子并不直接回答他的问题，而是巧妙地运用梁惠王的好战，举了一个“五十步笑百步”的例子，暗示他如果只是在凶岁时才知道要移民移粟，那是头痛医头、脚痛医脚的做法，结果只是治标而不治本。治国必须得其道而行，方可收得成效，而此道就是“王道”。

孟子认为，王道始于使人民养生丧葬而无憾，孟子首先举了三个具体的事例：“不违农时”、“数罟不入洿池”和“斧斤以时入山林”，其共同的特点就是遵“时”养民。后文所说的“无失其时”、“勿夺其时”，也都是进一步强调“使民以时”的重要性。如果能彻底力行这些攸关民生大计之事，可使百姓富足，生活无虞；同时对家人的身后之事，也能尽其所能地表达心意，充分展现中国人视死如视生及慎终追远的传统观念。不过，光是仓廪丰足、使民养生丧死而无憾的“富民”是不够的，那只是王道之治的第一步；孟子进一步提出，必须以礼义教化民心。这正是孔子主张“庶而富之、富而教之”的治国之道。

孟子在自陈王道始末之后，以“狗彘食人食而不知检，涂有饿莩而不知发”为例，说明人主如果将百姓饿死都归罪于凶岁，完全不知反躬自省，是不能指望百姓归附自己的。这也回应了梁惠王一开始所提出“邻国之民不加少，寡人之民不加多”的问题；最后希望梁惠王懂得内省，力行仁政，以民为主，富民教民，如此方能成就王业。

七、邹与鲁哄

邹[1]与鲁哄[2]。穆公[3]问曰："吾有司[4]死者三十三人，而民莫之死也。诛之，则不可胜诛；不诛，则疾视[5]其长上之死而不救，如之何则可也？"

孟子对曰："凶年饥岁，君之民老弱转乎沟壑[6]，壮者散而之四方者，几千人矣；而君之仓廪[7]实，府库[8]充，有司莫以告，是上慢[9]而残下也。曾子曰：'戒之戒之！出乎尔者，反乎尔者也[10]。'夫民今而后得反之也，君无尤[11]焉。君行仁政，斯民亲其上，死其长矣。"

——《梁惠王》下·一二

章旨

孟子认为，在上位者要施行仁政，善待人民，人民才愿意为他赴难。

注释

①**邹**：国名，位于今山东邹县一带。

②**哄**：音 hòng，交兵相斗。

③**穆公**：邹国国君。

④**有司**：古代官吏的通称。

⑤**疾视**：怒目而视。

⑥**老弱转乎沟壑**：年老和体弱的人民饿死，尸体被丢弃在田沟山涧中。转，弃。沟，田中沟。壑，音 hè，山中涧。

⑦**仓廪**：储藏谷物的地方。

⑧**府库**：藏财货、兵甲的地方。

⑨**慢**：轻忽政事。

⑩**出乎尔者，反乎尔者也**：从你身上做出来的，最后都会回报到你身上。

⑪**尤**：责怪。

析论

在上位者要施行仁政，人民才愿意为他效命尽忠。穆公问孟子，那些眼见有司这些官吏为国捐躯却冷眼旁观的人民究竟该杀还是不杀时，心里不解的是：有这批死命报效国家的忠臣，为什么没有人民愿意为国家赴死尽节呢？显然穆公并没有体悟到其间的缘由。

孟子认为凶年饥岁时，国家明明仓廪丰足，府库充实，却因官吏的瞒上欺下，使人民挨饿受冻，填于沟壑或流散四方。这种无法以"人饥己饥，人溺己溺"的心怀来体恤人民的官员，怎么可能得到人民的信任，甚至得其以性命相报呢？他引述曾子"出乎尔者，反乎尔者"的话，就是要让穆公知道，事出必有因，今日之果，无论善恶，必根植于昔日之因。若真要论罪，那么弃人民于不顾的官员才是造成恶果的主因。

但再进一步看，有司不仁又是谁造成的呢？当然是任命有司的国君了。国君如果能以爱民之心，推行仁政，必然会任用廉能勤政的官吏，对国家尽忠效命，对人民勤勉任事。由此看来，君主若能体察民心，施行仁政，慎选官吏，严格督导，就能让官员勤政，百姓富足；也才能使人民愿意患难与共、生死相依。这正是"君之视臣如手足，则臣视君如腹心”（《离娄》下·三）的道理。

专题活动一

探究园地

1. 古代庖厨，既为炊膳之所，亦为宰杀牲畜之处。君子因为不忍那些牲畜“无罪而就死地”，才有“君子远庖厨”之说，可是这句话被后世男人曲解为不帮忙做家务的借口。那么，做家务都是女人的事情吗？你怎么看待这个问题？

2. “不为”与“不能”有何分别？你是否曾经有过“不为”的经历，说来与同学分享。

3. 梁惠王自认为已经尽心为国了，效果却不理想，孟子认为是因为他不知道自己真正的问题所在。你在生活和学习中是否有过类似的经验，自己投入了很多时间和精力去学习、做事，却达不到想要的效果，试举例分析其根本原因。

4. 孟子认为得民心者得天下，他认为应该怎样得民心？你又是怎么认为的？

拓展空间

1. 今天我们怎样才能做到“老吾老，以及人之老；幼吾幼，以及人之幼”？收集类似“小悦悦”事件等相关新闻，在班上展开一场时事讨论会。

2. 将《齐桓晋文之事》改编为剧本并表演出来，可以结合古今中外的历史和时政事件论证，增强立论的说服力。

因先尊贤

“因先尊贤”是孟子重要的政治主张。所谓“因先”，是指为政者当依照先朝圣王的典章制度以治国。因为先王殚精竭虑，建立可行的典章制度，后人以之为准则，可收事半功倍之效。所谓“尊贤”，是指为政者当尊重道德崇高的贤士。因为行仁政不能单有善心善政，还必须有贤能俊杰，才能切实辅助君王，实行仁政。

本单元选录四章，以明孟子“因先尊贤”的主张。治国之道，当遵先王之法，故首编“离娄之明”；为政必交邻国，因以大智大勇之文王、武王为例，说明其道，次编“交邻国有道”；尊贤是能为仁政之本，故编“仁则荣，不仁则辱”；如何识贤而舍不才，是尊贤首要之务，故编“孟子见齐宣王”。

一、离娄之明

孟子曰：“离娄[①]之明，公输子[②]之巧，不以规矩[③]，不能成方员[④]；师旷[⑤]之聪，不以六律[⑥]，不能正五音[⑦]；尧舜之道，不以仁政，不能平治天下。今有仁心仁闻[⑧]，而民不被其泽，不可法于后世者，不行先王之道也。故曰：徒善[⑨]不足以为政，徒法不能以自行。

《诗》[10]云：'不愆不忘，率由旧章[11]。'遵先王之法而过者，未之有也。

圣人既竭目力焉，继之以规矩准绳[12]，以为方员平直，不可胜用也；既竭耳力焉，继之以六律，正五音，不可胜用也；既竭心思焉，继之以不忍人之政[13]，而仁覆天下[14]矣。故曰：为高必因丘陵，为下必因川泽。为政不因先王之道，可谓智乎？是以惟仁者宜在高位；不仁而在高位，是播其恶于众[15]也。

上无道揆[16]也，下无法守[17]也；朝不信道[18]，工不信度[19]；君子犯义[20]，小人犯刑[21]——国之所存者，幸也。故曰：城郭不完[22]，兵甲不多，非国之灾也；田野不辟[23]，货财不聚，非国之害也。上无礼，下无学，贼民兴，丧无日矣。

《诗》[24]曰：'天之方蹶，无然泄泄[25]。'泄泄，犹沓沓[26]也。事君无义，进退无礼，言则非[27]先王之道，犹沓沓也。故曰：责难于君[28]谓之恭，陈善闭邪[29]谓之敬，吾君不能谓之贼[30]。"

——《离娄》上·一

章旨

此章说明为政者应当效法先王之道，施行仁政，人臣宜尽劝行仁义之责。

注释

①**离娄**：黄帝时人，能于百步之外，见秋毫之末。

②**公输子**：春秋时鲁国巧匠，名般，一作班。

③**规矩**：画方与圆的工具。规，圆规。矩，曲尺，可以画方。

④**方员**：方与圆。员，通"圆"。

⑤**师旷**：春秋晋平公时的乐师，听辨音律，听觉甚为敏锐。

⑥**六律**：正音之器。黄帝时令伶伦作律，伦截竹为筒，以筒之长短，分别声音之清浊高下。乐器之音，即以之为准。分阴阳各六，共为十二律。

⑦**五音**：古以宫、商、角、徵、羽为五音，相当于现代音乐do、re、mi、so、la，亦称"五声"。

⑧**仁心仁闻**：爱民之心与爱民之声。闻，声誉。

⑨**徒善**：空有善心。

⑩**《诗》**：指《诗经·大雅·假乐》篇，是一首赞美周成王的诗歌。

⑪**不愆不忘，率由旧章**：不要有错误，也不要有过失，一切遵循先王的法度。愆，音qiān，过错。忘，音wáng，通"亡"，遗失。率，循、由。

⑫**准绳**：测量水平与正直的工具。准，水平仪。绳，用以画直的墨线。

⑬**不忍人之政**：即仁政。

⑭**仁覆天下**：仁政广被天下。覆，被。

⑮**播其恶于众**：播扬其恶，贻害于众人。

⑯**道揆**：用以度量事理的道德规范。揆，音kuí，度。

⑰**法守**：可供遵守的法律制度。

⑱**朝不信道**：朝廷之臣，不信守正道。朝，朝廷，此处借指"朝廷之臣"。

⑲**工不信度**：百工不信守尺度。

⑳**君子犯义**：官员违背道义。

㉑**小人犯刑**：百姓触犯刑法。

㉒完：坚固。

㉓辟：垦殖。

㉔《诗》：指《诗经·大雅·板》篇，是一首讥讽周厉王的诗歌。

㉕天之方蹶，无然泄泄：上天正要颠覆这个国家，不要再多言了。蹶，音 guì，颠覆。泄，音 yì，通“詍”，多言。

㉖沓沓：多言。沓，音 tà。

㉗非：诋毁。

㉘责难于君：要求国君实行艰难而理想的正道，指施行仁政。责难，以难为之事要求人。

㉙陈善闭邪：陈述善道，闭塞奸邪。

㉚吾君不能谓之贼：推说我的国君不能行善，而不谏正，这便是贼害国君。

析论

人类懂得利用工具，积累知识，所以才异于其他生物，创造出傲人的文明。积累知识，使人类可以集千百代、亿万人的智慧，不断地增长见闻，促进社会发展；利用工具，使得人类可以得到帮助，弥补先天才能的不足。孟子先举规矩与六律的例子，告诉我们工具的重要；接着指出要维系人类社会的和谐，也得依赖“工具”，那就是先王所遗留下来的美好的典章制度、礼乐政刑。国君若不知依此而行，即使再有政治才能，也无法治理好国家。

不论是规矩、六律这些有形的器具，还是典章制度这些无形的工具，其产生绝非一人一朝一夕得以造成的。但创发者、使之成形具体者，绝对是前代才智非凡的人；他们的创发，造福无数，因此得以称为圣人。后世为政者欲平治天下、安定国家，便应效法古圣先王，体会其不忍人的施政仁心，揣摩礼乐政刑背后的精神，努力施行先王之道。而从政之臣最应该做的事，就在于时刻期勉君主效法先王，施行仁政。

今日社会，已无君臣之分；国家大事，全民参与。凡是关心社会的国民，皆应效法孟子所说的“恭敬之臣”，时时以理想责难于政府，监督政府，劝勉政府，使政治更加清明，社会臻于安康。

二、交邻国有道

齐宣王问曰：“交邻国有道乎？”

孟子对曰：“有。惟仁者为能以大事小，是故汤事葛①、文王事昆夷②。惟智者为能以小事大，故大王事獯鬻③、勾践事吴④。以大事小者，乐天⑤者也；以小事大者，畏天⑥者也。乐天者，保天下；畏天者，保其国，《诗》⑦云：‘畏天之威，于时⑧保之。’”

王曰：“大哉言矣！寡人有疾，寡人好勇。”

对曰：“王请无好小勇⑨。夫抚剑疾视⑩曰：‘彼恶敢当我⑪哉！’此匹夫之勇，敌一人者也。王请大之。《诗》⑫云：‘王赫斯⑬怒，爰整其旅⑭，以遏徂莒⑮，以笃周祜⑯，以对⑰于天下。’此文王之勇也，文王一怒而安天下之民。《书》⑱曰：‘天降下民，作之君，作之师⑲，惟曰：其助上帝，宠之四方⑳，有罪无罪惟我在㉑，天下曷敢有越厥志㉒？’一人㉓衡行㉔于天下，武王耻之，此武王之勇也，而武王亦一怒而安天下之民。今王亦一怒而安天下之民，民唯恐王之不好勇也。”

——《梁惠王》下·三

章旨

孟子启发齐宣王当效法先王以仁、智交邻国，以大勇安天下。

注释

①**汤事葛**：汤以仁厚对待无道的葛伯。商汤定都亳邑，与葛国为邻。葛伯放纵无道，不祭祀祖先，但汤先后送牛羊供其祭祀，又派人助耕。

②**文王事昆夷**：文王以礼对待无理的昆夷。昆夷，西戎国名。周文王时，昆夷曾侵犯周国，一天三次兵临周城东门，文王修德而不与战。周城受困，文王虽有愠怒，但仍派遣使者慰问，没有废掉邻国相交应有的礼节。

③**大王事獯鬻**：周太王以忍让对待来侵的獯鬻。大王，即太王，周文王之祖父古公亶（音 dǎn）父。獯鬻（音 xūn yù），北狄国名，秦时称匈奴。周太王居邠（音 bīn）地，獯鬻来犯，太王拿财货进献，却无法阻止獯鬻的不断侵犯。邠地百姓怒而欲与之战，太王因不忍百姓参与战争而受伤，于是率领私属离开邠地，迁往岐山之下。邠地百姓慕其仁而追随他，周于是日渐壮大。

④**勾践事吴**：勾践以卑屈对待强盛的吴国。周敬王时，吴王夫差大败越王勾践于夫椒，越王以五千剩余军力退守会稽。吴王紧追至会稽加以包围，勾践委身求和，卑事吴王。其后吴王戒心渐懈，勾践始得自吴归越，生聚教训，终于起兵灭吴。

⑤**乐天**：乐行天命。

⑥**畏天**：敬畏天理。

⑦**《诗》**：指《诗经·大雅·周颂·我将》篇，是一首祭祀周文王的颂歌。

⑧**于时**：于是、因此。

⑨**小勇**：血气之勇。

⑩**抚剑疾视**：手持刀剑，怒目而视。抚，持。

⑪**恶敢当我**：怎敢对抗我。恶，音 wū，何。当，音 dāng，敌、抗。

⑫**《诗》**：指《诗经·大雅·皇矣》篇，是一首赞美周先祖功业的诗歌。

⑬**赫斯**：赫然，发怒的样子。

⑭**爰整其旅**：于是整顿他的军队。爰，于是。旅，军队。

⑮**以遏徂莒**：以阻止密国前往侵略阮国的军队。遏，止，《诗经》原作“按”。徂，音 cú，往。莒，音 jǔ，指密国军队，《诗经》作“旅”。此诗提到，密国出兵侵犯阮国，所以文王发兵前往制止。

⑯**以笃周祜**：以增厚周朝的福祉。笃，厚。祜，音 hù，福。

⑰**对**：报答。

⑱**《书》**：指《尚书·泰誓》篇，泰誓或作太誓。为周武王伐纣，渡孟津，诸侯来会时的誓词。

⑲**作之君，作之师**：为他们立君、立师。之，通“其”。

⑳**宠之四方**：尊崇君师，给他崇高的地位，使四方都受他的治理与指导。

㉑**有罪无罪惟我在**：人民是否有罪只有我君师去考察。我，指君师。在，察。

㉒曷敢有越厥志：怎么敢放纵他的私欲。曷，何。有，或。越，放纵。厥，其。志，这里指私欲。

㉓一人：独夫，指纣王。

㉔衡行：横行。

析论

齐国在战国时代是个大国。齐宣王问“交邻国有道乎”，实际上是想问与邻国之间关于结盟、敌对及征战方面的问题。孟子却故意不从此处回答，而从天理的角度说明仁者能以大国事奉小国，是乐行天命；智者能以小国侍奉大国，是敬畏天理。大国与小国和平相处，便是邻国相交的典范。但这显然不是齐宣王想要听的，所以他干脆直接表明自己有喜好武勇的毛病，意思是说自己喜好出兵征战。孟子不但不以为忤，反而顺着他喜好的匹夫小勇，进一步引导他应培养自己像文王、武王一怒而安天下的大勇。文、武大勇，不是基于本身的利害冲突，而是为了全天下人民的利益，言下之意就是希望齐宣王摒弃因齐国利益而对邻国用兵的想法，而要有为全天下人民利益着想的大勇精神。

不为天下人民利益着想，只想着实现自己的丰功伟业，满足自己的统治欲望而兴兵好战的皇帝，汉朝有武帝，隋朝有炀帝，穷兵黩武的结果是，西汉日渐衰敝，隋朝因而亡国，两人在历史上都留下了不好的评价。

三、仁则荣，不仁则辱

孟子曰：“仁则荣，不仁则辱。今恶辱而居不仁，是犹恶湿而居下也。如恶之，莫如贵德而尊士①，贤者在位，能者在职。国家闲暇②，及是时明其政刑，虽大国，必畏之矣。《诗》③云：‘迨天之未阴雨，彻彼桑土，绸缪牖户④。今此下民，或敢侮予⑤？’孔子曰：‘为此诗者，其知道乎！能治其国家，谁敢侮之？’今国家闲暇，及是时般乐怠敖⑥，是自求祸也。祸福无不自己求之者。《诗》云：‘永言配命，自求多福⑦。’太甲⑧曰：‘天作孽，犹可违；自作孽，不可活⑨。’此之谓也。”

——《公孙丑》上·四

章旨

孟子认为治国应该施行仁政，任贤用能，明其政刑，切不可安于逸乐，自招祸端。

注释

①**贵德而尊士**：重视道德，尊重贤士。

②**国家闲暇**：国家没有内忧外患的时候。

③**《诗》**：指《诗经·豳风·鸱鸮》，鸱鸮，音 chī xiāo。

④**迨天之未阴雨，彻彼桑土，绸缪牖户**：趁着天还没下阴雨的时候，取那桑树根，缠结起来以修补门窗。迨，及，犹言趁着。彻，通“撤”，取。土，音 dù，通“杜”，齐国一带的方言称树根为杜。绸缪，音 chóu móu，缠结修补。牖，音 yǒu，窗子。

⑤**今此下民，或敢侮予**：那些在下面的人们，有谁还敢来欺侮我。予，鸱鸮自称。

⑥**般乐怠敖**：享乐怠惰骄傲。般，音 pán，通“盘”，乐。敖，音 ào，通“傲”，骄傲。

⑦**《诗》云："永言配命，自求多福。"**：《诗经·大雅·文王》说：长久地配合天命而行，自己去寻求更多的福气。永，长久。言，助词。配命，配合天命。

⑧**太甲**：指《尚书·商书·太甲》篇。

⑨**天作孽，犹可违；自作孽，不可活**：上天造成的灾祸，我们还可以避开；自己造成的灾祸，就活不成了。孽，音 niè，灾祸。

析论

本章分为两部分，开头至"谁敢侮之"为第一部分，提出尊贤使能、未雨绸缪的主张；后半部分则批评国君不知在承平时期厚储国力，只知整日游乐怠惰，终将自招祸端。

治国之道，在务行仁政，国泰民安，这是孟子的政治理想。想要顺利达到这个理想，必须要招揽优良舵手——贤能之士，所以国君应该贵德尊士，任贤使能，才能处荣避辱，连大国都畏惧三分。反观当时的诸侯，不知利用承平时期明其政刑，贵德尊士，不是好战黩武，便是贪图享乐，这些作为都是自种祸因，终会自食恶果。孟子举《诗》、《书》为证，说明无论祸福，都是自己招致的。《易传》说"积善之家，必有余庆；积不善之家，必有余殃"，也是相同的道理。

周公辅佐成王，一沐三捉发，一饭三吐哺，为周代打下了八百年的雄厚基础；刘备三顾茅庐，诸葛亮深为感动，于是受任于败军之际，奉命于危难之间，竭力驰驱，鞠躬尽瘁。这些都是尊德贵士、明其政刑的典范，值得为政者效法。

四、孟子见齐宣王

孟子见齐宣王，曰："所谓故国①者，非谓有乔木②之谓也，有世臣③之谓也。王无亲臣④矣；昔者所进，今日不知其亡⑤也。"

王曰："吾何以识⑥其不才而舍之？"

曰："国君进贤，如不得已，将使卑逾尊，疏逾戚⑦，可不慎与？左右皆曰贤，未可也；诸大夫皆曰贤，未可也；国人皆曰贤，然后察之，见贤焉，然后用之。左右皆曰不可，勿听；诸大夫皆曰不可，勿听；国人皆曰不可，然后察之，见不可焉，然后去之。左右皆曰可杀，勿听；诸大夫皆曰可杀，勿听；国人皆曰可杀，然后察之，见可杀焉，然后杀之。故曰：国人杀之也。如此，然后可以为民父母。"

——《梁惠王》下·七

章旨

孟子明告齐宣王：为君当谨慎辨识人才，留用贤臣，罢退不肖。

注释

①**故国**：传世久远的旧国。

②**乔木**：指年代久远的高大树木。乔，高大。

③**世臣**：累世立功的大臣。

④**亲臣**：亲信之臣。

⑤**亡**：亡失，亡匿。

⑥**识**：知，此处有预先知道的意思。

⑦**卑逾尊，疏逾戚**：卑贱者职位超过尊贵者，疏远者职位超过亲近者。逾，音 yú，超越。戚，亲近。

析论

尊贤是儒家在政治上的一项重要主张。国君选用贤臣，必须不分亲疏、尊卑，如果真是贤臣，即使对方地位卑下、关系疏远，都可以拔擢至高位。人才的任用罢黜，完全以贤能与否作为标准，这超越了“尊尊亲亲”的伦常要求，因此也就必须格外谨慎地考察了。

如何发掘贤者呢？众人的评价当然是重要的参考，但旁人的批评不见得一定公允，国君在选用人才时还需要有自己的独立判断，尤其不能仅以少数人的看法为依据。即使是全国人的共同观点，国君都还得实际核查清楚。因为某些有才识的人，往往是特立独行、不随流俗的，不见得能获得多数人的好评；相反，“乡愿”之人以讨好他人为准则，毫无气骨、智慧可言，却也博得好名声，这就需要国君的鉴别。

孟子此章重点在劝说君主要有独立的判断力，不要为左右臣下所蒙蔽；要有实事求是的观察力，不要只凭耳闻。然而，君主的自主、自信也不能过了头，别忘了“民之所好好之，民之所恶恶之”，也是古之明训，以自己的评价推翻国人的共同看法，应有十足的理由、万分缜密的考虑才行。否则，轻易为之，就会变成刚愎自用。

专题活动二

探究园地

1. 孟子提倡法先王，“先王”指的是谁？处于21世纪的今天，我们应该学习先人哪些宝贵经验和美好品质？

2. “好勇”会有哪些利和弊，一个人“好勇”好不好？试举史实或生活所见到的“好勇”之事，展开讨论。

3. “进贤”是治国的必备要件之一，孟子提出了怎样的用人观点？当今社会对人才是一种怎样的态度，这种情况是否有利于社会的进步？请结合实例谈一谈你的观点。

4. 孟子说“祸福无不自己求之者”，你怎么看待生活中遇到的幸与不幸？请结合生活的经验说一说。

5. 我们作为社会的一分子，时时刻刻都生活在社会的舆论里和他人的评价中，你如何看待他人的看法和评价？就“走自己的路，让别人去说”或“从善如流”这一话题，谈一谈你的观点。

拓展空间

1. 孟子认为应该“因先尊贤”，今天我们也讲“突破传统，勇于创新”，请以“因先尊贤还是突破传统”为话题举行一场辩论赛。

2. 请以“21世纪的人才需求”为话题，撰写演讲稿，举行一场演讲比赛。

仁者无敌

战国时代，诸侯为了扩充势力与国土，互相攻伐，几无宁日。人民被迫征战，埋骨荒野者、无以为生者，不计其数。孟子有感于此，主张保民、养民，施行仁政。他极力反对战争，对好战残民的国君更是大加挞伐。本单元选编孟子有关“仁者无敌”思想的篇章加以论述。得道多助，人和为贵，编列“天时不如地利”为第一章，编列“仁者无敌”为第二章。研读本单元，可了解孟子反对战争的主要见解。

一、天时不如地利

孟子曰：“天时不如地利，地利不如人和①。三里之城、七里之郭②，环而攻之而不胜。夫环而攻之，必有得天时者矣，然而不胜者，是天时不如地利也。城非不高也，池非不深也，兵革③非不坚利也，米粟非不多也，委而去之④，是地利不如人和也。故曰：域民不以封疆之界⑤，固国不以山谿之险⑥，威天下不以兵革之利⑦。得道者多助，失道者寡助⑧。寡助之至，亲戚畔之⑨；多助之至，天下顺之。以天下之所顺，攻亲戚之所畔，故君子有不战，战必胜矣⑩。”

——《公孙丑》下·一

章旨

孟子认为天时不如地利，地利不如人和。得天下者，得民心而已矣。

注释

①**天时不如地利，地利不如人和**：用兵作战，只是靠天象时令，还不如据有险要、有利的地势；只是据有险要、有利的地势，还不如上下和谐，得到民心的支持。天时，指天象时令，如风雪、晴雨、寒暑等。地利，指地势有利，如城池、山河、关隘等。人和，指上下和睦而团结。

②**三里之城、七里之郭**：三里见方的内城，七里见方的外城，指城郭之小者。郭，外城。

③**兵革**：兵器铠甲。

④**委而去之**：舍弃而离开它。之，指上文“三里之城、七里之郭”。委，弃也。去，逃离。

⑤**域民不以封疆之界**：守住人民不是依靠疆土封记的界限。域，界别，此处用作动词，引申为“限制”的意思。封疆，疆界上的封记。封，聚土；疆，界。封土为台，用以标示疆界。

⑥**固国不以山谿之险**：巩固国防不是只凭借山河形势的险要。

⑦**威天下不以兵革之利**：威服天下不是只凭恃强大的军事力量。

⑧**得道者多助，失道者寡助**：施行仁民爱物之道的君王，会得到很多人民的协助；违反王道的君王，很少有人帮助他。得道，得仁政之道。

⑨**寡助之至，亲戚畔之**：帮助他的人少到极点时，连他自己的亲戚都会背叛他。至，极。畔，通“叛”，背叛。

⑩**君子有不战，战必胜矣**：仁君不战则已，要是非战不可，一定是会战胜的。

析论

据《三国演义》的描写，赤壁之战时，曹操有数十万大军，进击江东，本应所向无敌；然而孙刘联军之所以能火烧曹营，以少胜多，主要原因就是诸葛亮借东风之便，掌握了天时，由此可见天时的重要。但用兵作战也不能全靠天时，如《孙子·形篇》说："胜者之战民也，若决积水于千仞之谿者，形也。"如果占据有利的地势，在很高的山谷中蓄满大水，然后骤然开启水闸，使得大水奔腾而下，那么在下的敌军必然溃散。此时任何有利于敌军的天时，都派不上用场了，可见天时不如地利。秦始皇一统天下，以崤山与函谷关为天然屏障，真所谓"一夫当关，万夫莫开"；以黄河为护城河，纵有千骑也难以飞渡。有如此山川，其国防应是固若金汤，其政权也应传之千秋了，然秦始皇不施仁义，荒淫残暴，旋踵之间，"戍卒叫，函谷举。楚人一炬，可怜焦土"！（杜牧《阿房宫赋》）由秦之灭亡可见，地利不如人和。

如何拥有人和的绝对优势呢？孟子认为："得道者多助。""施仁政于民。"（《梁惠王》上·五）"以不忍人之心，行不忍人之政。"（《公孙丑》上·六）为政者要一心一意把人民照顾好，只要有一个人流离失所，为政者都要惭愧自责，内疚不已。像这样爱民如子，救饥拯溺的君主，还会不得人心吗？实行仁政，就是"得道"，"得道者多助"而成"仁者"，因此，孟子说："仁者无敌。"（《梁惠王》上·五）"故君子有不战，战必胜矣。"

二、仁者无敌

梁惠王曰："晋国，天下莫强焉①，叟之所知也。及寡人之身，东败于齐，长子死焉②；西丧地于秦七百里③；南辱于楚④。寡人耻之，愿比死者一洒之⑤，如之何则可？"孟子对曰："地方百里，而可以王⑥。王如施仁政于民，省刑罚⑦，薄税敛⑧，深耕易耨⑨，壮者以暇日修其孝、悌、忠、信⑩，入以事其父兄，出以事其长上，可使制梃以挞秦、楚之坚甲利兵矣⑪。彼夺其民时⑫，使不得耕耨以养其父母，父母冻饿，兄弟妻子离散。彼陷溺其民⑬，王往而征之，夫谁与王敌⑭？故曰：'仁者无敌。'王请勿疑。"

——《梁惠王》上·五

章旨

孟子向梁惠王陈述"仁者无敌"的道理。

注释

①**晋国，天下莫强焉**：当年天下没有一个诸侯国比晋国强大。周威烈王二十三年（公元前403），韩、赵、魏三家分晋，各自建立诸侯国。魏独得晋国的故都，所以梁惠王还自称其国为晋国。

②**东败于齐，长子死焉**：在东方，于马陵之战被齐国打败，我的长子魏申被俘虏而殉国。

③**西丧地于秦七百里**：在西方，被秦国袭击，结果割去河西七百方里的土地给秦国。

④**南辱于楚**：在南方，又于襄陵被楚国打败，失去八座城池，饱受侮辱。

⑤**愿比死者一洒之**：愿意替那些为国捐躯的将士完全洗雪耻辱。比，音 bì，为、替。一，全部。洒，音 xǐ，洗也，洗雪。

⑥**地方百里，而可以王**：只要有一百方里的土地，就足以实行王道政治了。王，音 wàng，作动词用，称王于天下。

⑦**省刑罚**：减轻刑罚。

⑧**薄税敛**：少征赋税。

⑨**深耕易耨**：耕田时，翻土翻得深；耘田时，锄草锄得尽。易，治，用心整理。耨，音 nòu，锄田。

⑩**壮者以暇日修其孝、悌、忠、信**：让少壮子弟在闲暇时修习孝、悌、忠、信的道理。

⑪**可使制梃以挞秦、楚之坚甲利兵矣**：可以让他们拿着棍子去打退秦国、楚国的坚甲利兵了。制，音 chè，掣也，拿着。梃，音 tǐng，木棍。挞，音 tà，攻击。

⑫**彼夺其民时**：秦、楚等国剥夺了人民的农时。时，农时。

⑬**彼陷溺其民**：秦、楚等国残虐人民，使人民陷入水深火热之中。

⑭**夫谁与王敌**：有谁能和大王为敌呢?

析论

梁惠王再三战败，一心一意想着复仇。他希望借助强大的军事力量大举杀伐，请孟子教他，但孟子一向主张施仁义，行王道，“保民而王”，他的回答当然会让梁惠王大感意外。

孟子认为只有法治清明、刑期无刑、降低税率、藏富于民，才能使人民安居乐业，努力稼穑，增加生产。如果一味地苛刻待民，则民不聊生，一定会离心离德，纷纷迁往他国，还谈什么“愿比死者一洒之”呢？人民饱食暖衣之余，就要提高其教育水准。让每一名丁男都身强体健，知书达理，自然能够“制挺以挞秦、楚之坚甲利兵”了。如果“夺其民时”，不顾人民有父母妻子冻饿离散之苦，硬是逼其上战场，以满足国君开疆拓土的私欲，这就是“陷溺其民”，其结果必然众叛亲离，国君将成“独夫”。“陷溺其民”和“仁政保民”相较，胜负高下立判，这就是“仁者无敌”的道理。古来好战杀人、残害百姓的政权者，即使逞其淫威暴虐于一时，但最后下场都很凄惨。为了满足侵略野心，发动世界大战的许多独夫如希特勒、墨索里尼等，到头来也莫不自食恶果，败国丧身。因此，凡是统治者实应以此为戒。

专题活动三

探究园地

1. 孟子为什么说“君子有不战，战必胜矣”?

2. 你对战争有什么看法?

拓展空间

1. 孟子认为“得民心者得天下”，如果你有机会对话总理，你会提一些怎样的惠民之策？以班级为单位开展“我为总理谋良策”活动，请事先查阅、准备发言的材料，活动之后将大家的发言以板报或留言薄的形式展示出来。

2. 结合本单元孟子对政治的相关主张，选择一则或若干则时政新闻进行评论，制作成政事墙报。